ガンディー

平和を紡ぐ人

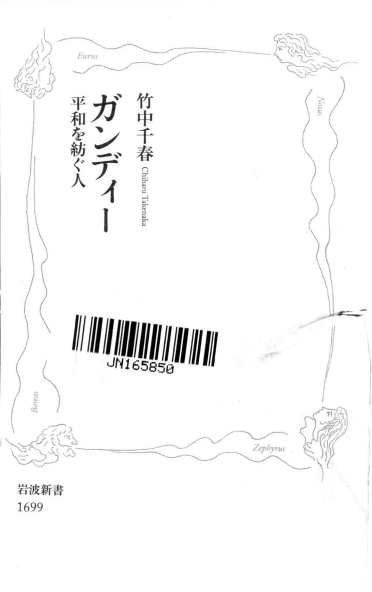

竹中千春
Chiharu Takenaka

岩波新書
1699

864
榎本武揚と明治維新
―旧幕臣の描いた近代化
黒瀧秀久

幕末・明治の激動期に「蝦夷共和国」を夢見て戦い、その後、日本の近代化に大きな役割を果たした榎本の波乱に満ちた生涯。

865
はじめての研究レポート作成術
沼崎一郎

図書館とインターネットから入手できる資料を用いた研究レポート作成術を、初心者にもわかるように丁寧に解説。

866
その情報、本当ですか?
―ネット時代のニュースの読み解き方
塚田祐之

ネットやテレビの膨大な情報から「真実」を読み取るにはどうすればよいのか。若い世代のための情報リテラシー入門。

867
〈知の航海〉シリーズ
ロボットが家にやってきたら…
―人間とAIの未来
遠藤 薫

身近になったお掃除ロボット、ドローン、AI家電…。ロボットは私たちの生活をどう変えるのだろうか。

868
司法の現場で働きたい!
―弁護士・裁判官・検察官
打越さく良 佐藤倫子 編

13人の法律家(弁護士・裁判官・検察官)たちが、今の職業をめざした理由、仕事の面白さや意義を語った一冊。

869
生物学の基礎はことわざにあり
―カエルの子はカエル? トンビがタカを生む?
杉本正信

動物の生態や人の健康、遺伝や進化、そして生物多様性まで、ことわざや成句を入り口に生物学を楽しく学ぼう!

870 覚えておきたい 基本英会話フレーズ130
小池直己
基本単語を連ねたイディオムや慣用的フレーズを厳選して解説。ロングセラー『英会話の基本表現100話』の改訂版。

871 リベラルアーツの学び
―理系的思考のすすめ
芳沢光雄
分野の垣根を越えて幅広い知識を身につけるリベラルアーツ。様々な視点から考える力を育む教育の意義を語る。

872 世界の海へ、シャチを追え！
水口博也
深い家族愛で結ばれた海の王者の、意外な素顔。写真家の著者が、臨場感あふれる美しい文章でつづる。 〔カラー口絵16頁〕

873 台湾の若者を知りたい
水野俊平
若者たちの学校生活、受験戦争、兵役、就活……、3年以上にわたる現地取材を重ねて知った意外な日常生活。

874 男女平等はどこまで進んだか
―女性差別撤廃条約から考える
山下泰子・矢澤澄子監修／国際女性の地位協会編
女性差別撤廃条約の理念と内容を、身近なテーマを入り口に優しく解説。同時に日本の課題を明らかにします。

875 〈知の航海〉シリーズ
知の古典は誘惑する
小島毅 編著
長く読み継がれてきた古今東西の作品を紹介。古典は今を生きる私たちに何を語りかけてくれるでしょうか？

杉本淑彦
Yoshihiko Sugimoto

ナポレオン

―最後の専制君主、最初の近代政治家

岩波新書
1706

はじめに

ナポレオン(一七六九―一八二一)に関する今日の歴史研究は、その統治期(一七九九―一八一五年)が長期間の戦時であったという事情から、あいつぐ戦争によってフランス一国の経済構造や民衆心性がどのように変化したのか、といった問題におもな関心をむけている。そして、個々の研究により、植民地交易や徴兵忌避運動、キリスト教信仰などの実態が、かなりの程度まで明らかになってきた。くわえて、ナポレオンによる諸戦役や支配がフランスの国境外の地域(とくに現在のドイツ)にどのような影響をもたらしたのかといった、トランスナショナルな関係性を分析することにも、地域ごとに多くの歴史研究者が取り組んでいる。

これを言いかえれば、本書のように、ナポレオンという人物そのものに焦点をあてながら時代全体を語る、というスタイルの歴史書は、じつは傍流ということになる。

しかし、主流のテーマをあつかっている研究書や論文は、大学院でフランス史やヨーロッパ史を専攻する学生と、かれらを指導する大学教員向けに書かれているので、専門外の人間にとって、さほど興味をひくものではないだろう。

それとは対照的に、広義の文学者がナポレオン時代を描く場合は、人物に焦点をあてるのが主流であり、かつ、専門外の者でも、いたって興味深く読める書籍が多い。日本で出版されたものでも、海外で出版されたものでも、これは同じである。

おそらく文学者は、愛情や嫉妬、憎悪など、時代を超越して人間が持つと考えられている心理の分析に長けている。したがって、文学者によるそうした分析に、ナポレオンが生きた時代から二〇〇年以上隔たる現代人も、わが身や周辺の人物に照らして、うなずけるところが多々あるのだろう。

本書は、歴史研究のこれまでの成果を取り入れながら、文学者のひそみにならい、人物の心理に踏みこもうとした。したがって、歴史研究では忌避されることが多い、おもしろさが先だっている裏話や逸話も、あえて取り上げた。

ナポレオンとその時代については、ナポレオンの言葉とされるものや、多種類の回想録が残されており、それらが、こうした裏話などの情報源になっている。多くの文学者や伝記作家は、この種の情報源を資料として使うのが常である。しかし、資料批判なしで使われている場合が多い。たとえば、つぎの一文がそうだ。

「兵士諸君に告ぐ。諸君は、裸同然で、食べ物も十分でない。政府は、諸君に負うところが多いというのに、諸君になにも与えることができないでいる。諸君の忍耐は、そして、この岩山のなかで諸君が示している勇気は、賞賛に値するものである。しかし、その忍耐や勇気にたいして、諸君はなんらの栄誉も与えてもらえないでいる。なんらの光も、諸君の頭上におよばないでいる。わたしは諸君を、世界でもっとも肥沃な平原に連れていく。豊かな地方が、大きな町が、諸君らの意のままになるだろう。諸君はそこで、名誉と栄光、富を手に入れるだろう。イタリア方面軍兵士たる諸君のなかに、勇気と不屈の精神を欠く者がいるとは、わたしは思わない。」

この一文は、一七九六年三月二七日に南フランスのニースでナポレオンが、配下の将兵にむけて発した訓示であるとして、さまざまな書籍に取り上げられてきた。このときイタリア方面軍総司令官だったナポレオンによる、敵地を目前にしての檄文（げきぶん）だ、というわけである。

しかし、一軍の将による檄文であるなら、軍報にはもちろん、一般新聞に掲載されることが当時は常であったにもかかわらず、この訓示を、そういった同時代資料のなかに見いだすことができない。イタリア戦役従軍将兵の手になる回想録は複数あるのだが、この訓示を聞いた、と証言する者もいない。

図 0-1　ラフェ作『ニースで訓示するボナパルト』(Jacques de Norvins, *Histoire de Napoléon*, 1827 より)．挿絵入り伝記本などが，ナポレオンの言葉とされるものを流布させた．

この訓示の刊行本初出は一八二二年。つまり、ナポレオンが幽閉先のイギリス領セント・ヘレナ島で死去した翌年のことである。島まで随行した者たちが共同で編纂した『セント・ヘレナの囚われ人についての真正文書集』のなかで、はじめておおやけにされた。島でナポレオンが口述したとされるものを、随行者たちがとりまとめたのである。そして、この訓示は、随行者のひとりであるエマニュエル・ド・ラス・カーズ伯爵が単独で執筆した『セント・ヘレナ回想録』(初版一八二三年)のなかでも引用され、その回想録が多数の版を重ねるロングセラーとなるにつれて、人口に膾炙するようになった。

つまり、ラス・カーズたちの言うところを信じるとしても、この文章は、ナポレオンが二〇年近くも昔の訓示を、記憶の糸をたどって口述したものにすぎない。記憶違いがあるかもしれないと、当然のことに考えなければならない。

もちろん、ナポレオンには優れた記憶力があったのだから訓示内容の大筋はまちがっていないだろう、と考えることは可能である。だが、こうした推論も、ナポレオンがたしかにこのように口述した、という前提に立ったうえでしか、そもそも成りたたない。

じつはこの訓示、ラス・カーズらによる創作の可能性があると、歴史研究者たちは考えてきた。元の聞き取り手稿が失われているので、ナポレオンの口述なのか、ラス・カーズたちの創作なのか、それが確定できないからである。

ラス・カーズの手稿を一八一七年にイギリス人官吏が写しとったとされるものが、二〇〇五年に大英図書館手稿書庫内で発見され、二〇一七年に翻刻された。だが、そこにも、この訓示は見あたらない。

もうひとつ、裏話としてよく使われる資料を見てみよう。舞台は一七九九年のエジプト。ナポレオンに率いられてこの地を占領していたフランス軍にたいして、エジプトの宗主国である

図0-2 ラフェ作『アブキールでボナパルトに賛辞を贈るクレベール』(Jacques de Norvins, *Histoire de Napoléon*, 1827より)

オスマン帝国の大軍が上陸戦を挑んできた。上陸地の名にちなみ、アブキールの戦い、と呼ばれることになる戦闘である。戦いの指揮をとり、フランス軍を勝利に導いたナポレオンにたいして、次席将軍のジャン＝バティスト・クレベールが、つぎのような賛辞を贈ったことになっている。戦闘直後の海岸での話である。

「将軍、あなたはこの地球に匹敵するごとく大きな存在です。いや、この地球ですら、あなたに値するほど大きなものではありません。」

かなりの名台詞である。しかし、クレベールが実際にこれを口にしたのかどうか、かなりあやしい。この台詞の初出は、遠征に同行し、後年にルーヴル美術館初代館長におさまるヴィヴァン・ドノンという人物が、一八〇二年に刊行した『ボナパルト将軍麾下の上下エジプト紀行』である。問題なのは、この戦闘がおこなわれていたとき、ドノンはアブキール海岸から遠く離れたカイロにいたことである。せいぜいのところ、伝聞でしかない資料である。

となると、つぎは、たしかに伝聞であるのか、それともドノンの創作であるのかを、問わなければならない。この賛辞を聞いたと証言している資料が一件ある。ヴィゴ＝ルシヨンの従軍ノートである。ヴィゴ＝ルシヨンは、アブキールの戦いでオスマン帝国軍総司令官を捕らえた功績によって軍曹から少尉に昇進しており、たしかに戦場にいた。

しかし、この従軍ノートは、ヴィゴ＝ルシヨンの息子が、一般向け総合雑誌『両世界評論』（一八九〇年八月一五日）に掲載されるべく編纂したものである。雑誌編集者と読者の関心を引きつけるために、世間一般に知られるようになっていた「地球に匹敵するごとく大きな存在……」というクレベールの賛辞を、息子がノートに挿入して潤色した可能性がある。元の従軍ノートが現存していないので確かめようがなく、さらに、ヴィゴ＝ルシヨンをのぞいてだれも、クレベールの賛辞を耳にしたと日記や回想録に書いていないことが、この証言の信憑性をいちじるしく損ねているのである。

歴史研究者というのは、人間心理の方にこそ興味を持つ文学者とちがい、こうした資料批判に、探求の面白さを感じる種類の人間なのだろう。

歴史研究者を自任する者の手になる本書は、不確かな資料を取りあつかわない、というわけではない。実際のところ、本書でもラス・カーズの『セント・ヘレナ回想録』をしばしば引用する。どの回想録も、すべての部分が創作だとは考えにくいからである。そもそも、この『セント・ヘレナ回想録』からして、捏造というわけでは、けっしてない。ラス・カーズは島で毎日のようにナポレオンの口から回顧談を聞いており、この回想録はナポレオンの胸の内を正確に推しはかっている、と考えられなくもないのである。

実際、一七九六年三月二七日にニースでナポレオンが発したとされている訓示の文面は、当時のフランス軍が糧食・給金を占領地で調達していたことを考えあわせると、一軍の司令官であれば考えていそうな内容である。つまり、文章は創作だが、内容自体は現実に近い、ということである。

本書では、こうした回想録類について、真偽の判断を読者自身に楽しんでもらえるように、だれが、いつ、どのような状況で回想したものなのか、そういった、資料批判に必要な情報を文中で提示している。そして、裏話や逸話のたぐいに言及する場合は、真偽不明などと明記することに努めた。

歴史研究者と文学者との、こうしたスタイルの違いを、本書で味わっていただければ幸いである。

目次

はじめに

はじめに

誰が平和をつくるのか。その人はどこから来るのか。本書では、マハートマ・ガンディーの人生を辿って、その答えを探してみたい。

この問いは、人類にとって決して新しいものではない。私たちは今もなお、テロ、内戦、対テロ戦争、難民の流出と「暴力の連鎖」が止められない世界に生きている。むしろ、今日の私たちにとって、あらためて深刻な問いとなっているのではないか。そして、敗戦後、一貫して平和憲法を守ってきた国の人々にとっては、古くて新しい重要な問いではないだろうか。

平和のシンボルというと、マハートマ・ガンディーを思い出す人は多いだろう。白い布をまとい、杖をついて歩む修道僧のようなおじいさん。マハートマとは「偉大なる魂」を意味し、「大聖人」という尊称となる。インドでは、そのマハートマの姿が肖像となり、ポスターに使われたり、本の表紙などをさまざまに飾ってきた。たとえば、ここに掲げる、一九四六年に撮影された写真が有名である。大英帝国からの独立の目前に激化した宗教暴動を鎮めるため、ベンガル東部のノアカリという農村地域を、少数の仲間とともに身一つで行脚し、暴力の愚かさを説き、平和を取り戻そうとした。

ガンディーの生き方は、世界中の人々にインパクトを与えてきた。アメリカ合衆国でアフリカ系の人々の公民権運動を率いたキング牧師が、ガンディーを尊敬し、彼の非暴力的な市民不服従運動に学んだことは有名である。そのキング牧師を慕ったバラク・オバマは、二〇〇三年のイラク戦争開戦に反対した唯一の上院議員であり、二〇〇八年の大統領選挙ではアフリカ系アメリカ人として初の合衆国大統領に選ばれた。「核なき世界」を訴えてノーベル平和賞を授与されたオバマも、しばしばガンディーの言葉を引用してきた。

振り返れば、世界各地の民主化運動や人権擁護の運動においても、ガンディーの言葉や肖像が使われてきた。旧社会主義圏であったポーランドの人々の「連帯」の運動、フィリピンでマルコス大統領の独裁を倒した「黄色い革命」、南アフリカのアパルトヘイト撤廃運動、スペインのバスクで平和を求める運動など、枚挙にいとまがない。ガンディーが没した後の七〇年あまり、国境、宗教や民族、時代の違いなどを超えて、人間の自由や平等を訴えるどのような運

動にも、ガンディーはインスピレーションを与えてきたと言ってよい。また、ビジネスの世界でも、アップルのスティーブ・ジョブズが、自分の尊敬する人物の一人として、ガンディーを挙げていたことはよく知られる。

高校の世界史の教科書を思い出してみると、ガンディーは、第一次世界大戦後のインド・ナショナリズムが高揚した時代、民衆の運動を率い、大英帝国からのインド独立を導いた偉大な指導者とされている。たいてい一九三〇年の「塩の行進」のときの写真が添えられている。少し猫背で、うつむき加減に歩く、痩せたおじいさん。このおじいさんのどこに、そんなパワーがあったのだろう。どうして、インドの膨大な数の人々が、このおじいさんについて行ったのだろう。

独立インドの初代首相となったジャワーハルラール・ネルーは、「ガンディーの伝記を執筆することは凡人には不可能だ」と語ったという。ジャワーハルラールは、ガンディーを「バプー」(お父さん)と呼び、苦楽をともにした弟子である。そこまで身近に「師」(グル)の歩みを見てきたからこそ、その生き方は自分のような凡人には理解しがたい、理解し尽くすことはできない、という思いに駆られたのであろう。

だが、むしろ私たちは凡人だからこそ、大きな歴史の流れを生み出し、二一世紀の今も、見知らぬ土地の人々にさえ、思想的な教えを与え続けているガンディーという人物から、まだまだ学ぶことがあるのではないか。そういう思いから筆者は、ガンディーの言葉を引けば、「ヒマラヤの誤算」のような決意で、本書の執筆に挑戦することにした。

ここから後の六つの章では、「神のようなマハートマ」でもなく、「偉人のガンディー」でもなく、できるだけ「人間としてのガンディー」を描き出してみたいと思う。学ぶものがあるとすれば、私たちと同じように悩み、ときには挫け、それでも八〇年近い人生を生きた一人の人間として、モーハンダース・カラムチャンド・ガンディーという人を見なければならないと思うからである。

幼年期のモーハンダース、青年期のロンドン留学を果たした精悍な弁護士、壮年期の南アフリカのサッティヤーグラハの総指揮官、熟年期のインドの下積みの民衆とともに変革を目指す指導者、そして晩年の流血の戦いの中で平和を目指すマハートマ。

ガンディーは生涯、戦っていた。南アフリカ政府やイギリス政府、あるいはマイノリティ・カースト・ジェンダー・貧富の格差などの理由で抑圧する支配階級を「敵」として戦っていたというよりも、自分の限界を超えるため、自分と戦っていた。まさに、真実を獲得するための戦い、つまりサッティヤーグラハであり、人間としての限界を超えるための「解脱」(モクシャ)であり、それが、自分が自分を適切に治めるための主となるという意味での自治を指す、「スワラージ」であった。

死を予感した病気のときも、銃弾に倒れた瞬間にも、自分よりも大きな力を象徴する神に心からの祈りを捧げつつ、戦っていた。そんな彼の生き方と教えに学び、膨大な数の人々が正しい行いをしようと人生を捧げた。マハートマ一人でインドを独立させたのではない。そういう人たちが、マハートマとともに歴史をつくったのである。

ガンディーはよく笑い、よく話し、よく怒った。真面目で正直で努力家で、しかも合理的で優秀で、実行力がある働き者だった。新しいものが大好きで、チャレンジ精神に満ち溢れていた。ユーモアもあって、チャーミングな人だった。気難しいところもあり、彼ほど頑固な人はいないと批判もされたが、人間を愛し、正義のために戦い続けた人だった。多くの友人と弟子に恵まれ、いつも人々の中にいて、ともに考え、神に祈った。命がけで平和を守り、平和をつくろうとした英雄は、決して孤高の人ではなかったのである。

古代インドの叙事詩『ラーマーヤナ』で、ラーマ王子が許嫁のシータ姫を救い出すためにランカの国に猿のハヌマーンらと向かうように、本書の中でもう一度、ガンディーに人生の舞台に立ってもらおう。泣き笑い、道を歩き、好きな歌を唄い、人々を前に語ってもらおう。マハートマとともに歩んだ人たちと同じように、私も彼の心の声を聴きたいと思っている。

地図作成　前田茂実

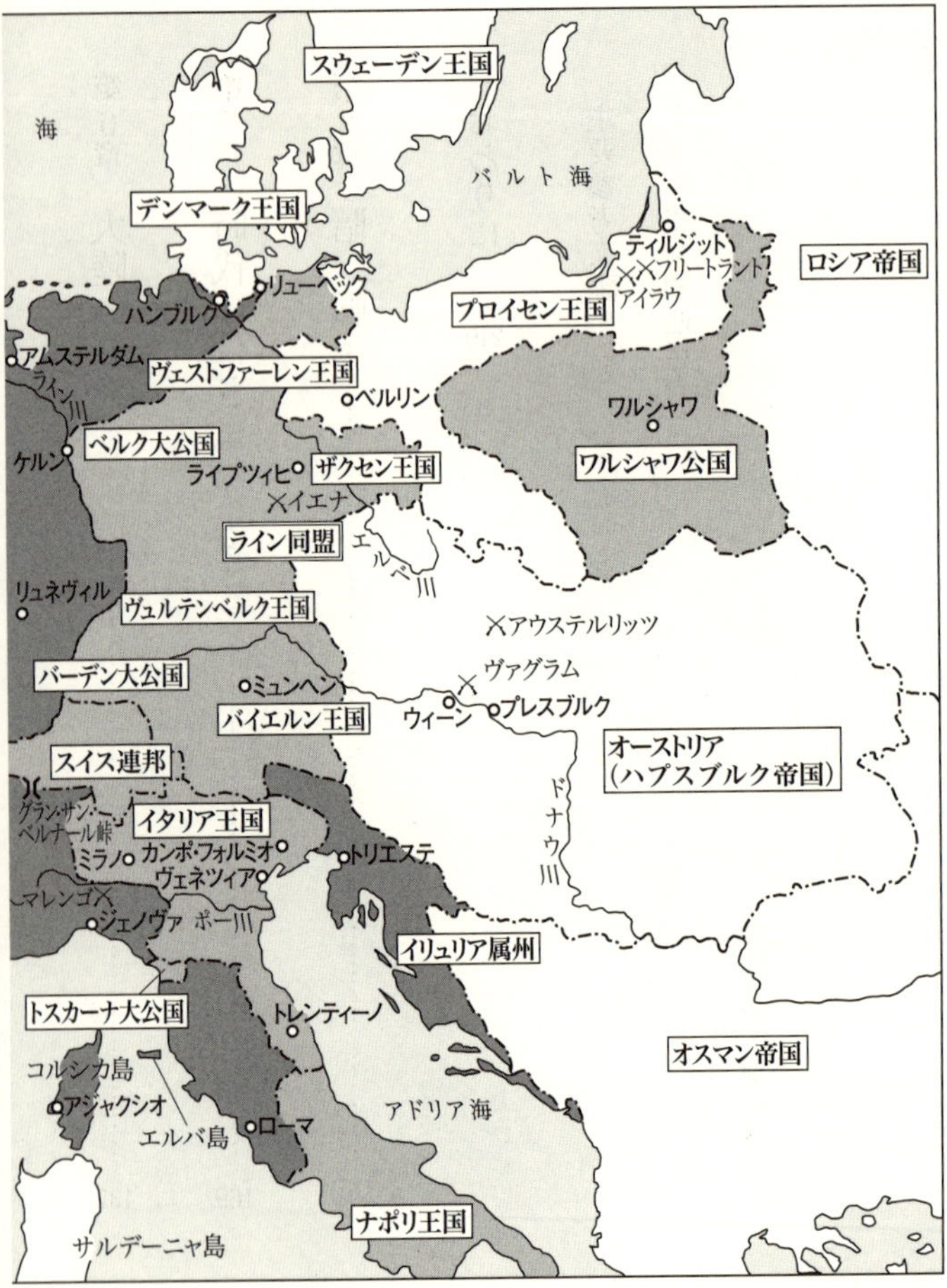

スウェーデン王国
海
バルト海
デンマーク王国
ティルジット
フリートラント
アイラウ
ロシア帝国
リューベック
ハンブルク
プロイセン王国
アムステルダム
ヴェストファーレン王国
ライン川
ベルリン
ワルシャワ
ベルク大公国
ケルン
ライプツィヒ
ザクセン王国
ワルシャワ公国
イエナ
ライン同盟
エルベ川
リュネヴィル
ヴュルテンベルク王国
アウステルリッツ
ヴァグラム
バーデン大公国
ミュンヘン
ウィーン
プレスブルク
バイエルン王国
オーストリア
(ハプスブルク帝国)
スイス連邦
グラン・サン・ベルナール峠
イタリア王国
ドナウ川
ミラノ
カンポ・フォルミオ
トリエステ
ヴェネツィア
マレンゴ
ジェノヴァ
ポー川
イリュリア属州
トスカーナ大公国
トレンティーノ
オスマン帝国
コルシカ島
アジャクシオ
アドリア海
エルバ島
ローマ
ナポリ王国
サルデーニャ島

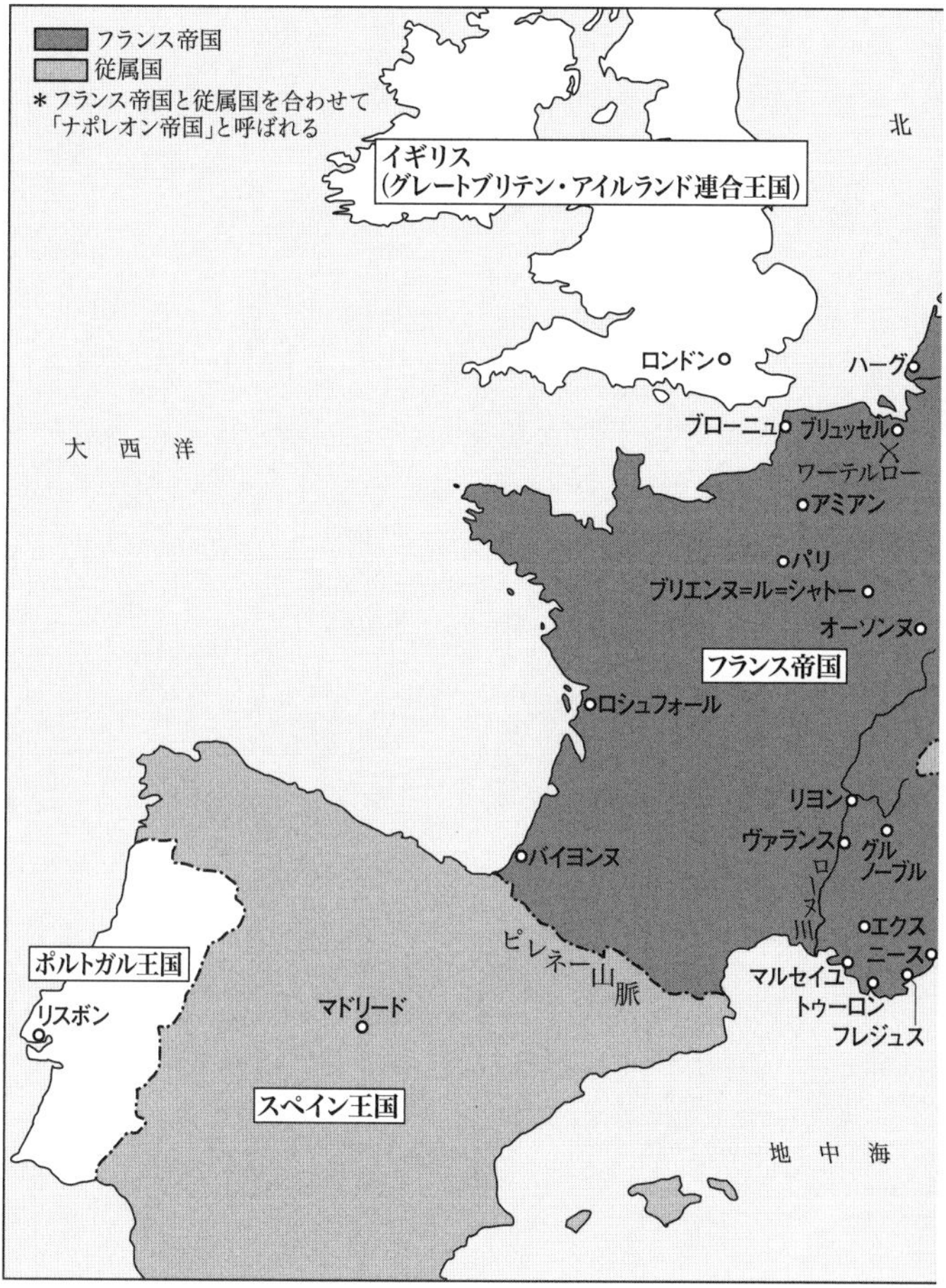

最盛期のナポレオン帝国(1811年)

第1章
コルシカ島

ジャン＝ポール・ラヴィ作『ボナパルト少尉』2010年．
コルシカ島生まれのナポレオンは，パリの士官学校で学び，1785年にそこを16歳で卒業すると，少尉としてフランス南東部ヴァランス市の砲兵連隊に赴任した．ローヌ川沿いの小都市である．

フランス革命勃発(1789年)前のこの時期，ナポレオンは給金を節約して本を買い求め，多くの時間を読書に費やしたと伝えられている．

2010年，ヴァランス市内の広場に，等身大のナポレオン像が建立された．像が手にしている本の両ページには，1786年にナポレオンが友人に宛てて書いた手紙の，つぎの一節が刻まれている．

「わたしの体に流れているフランス南部人の血は，ローヌ川のように激しく波立っている．少尉であることを誇りに思ってきた．昼食は固くなったパンだが，そんな自分の貧しさが振る舞いに表れないように，しっかり鍵をかけて生きてきた．」

Daniel Culsan 撮影(ウィキペディア・コモンズより)

ルソーと独裁者

「ヨーロッパには、立法の可能な地域がまだひとつ残っている。コルシカ島である。なぜなら、この島の善良な人民は、剛勇と不屈の精神でもって自身の自由を取りもどし堅守してきたのであり、まさにそれゆえに、その自由を保持していく方法を賢人から教授してもらうに値するからである。」

これは、スイス生まれの政治哲学者ジャン＝ジャック・ルソーが一七六二年に公刊した『社会契約論』の一節である。すべての人間に自由が保障される、そのような政体の建設を夢想していたのが、ルソーだった。そしてルソーは、まだ専政が支配的だった一八世紀中葉の広大なヨーロッパにおいて、わずか広島県ほどの面積でしかないコルシカが先陣を切り、そうした理想的政体を樹立するよう期待したのである。

ルソーは、公共の利益を実現するために人びとが共有しているものとして「一般意志」を、そして、それを汲みとって法を制定する者として「立法者」を措定した。そして、このようにして制定された法に、人びとは個々の利害心を捨てて服従しなければならないと説いた。コルシカに関する冒頭文のなかの「賢人」とは、「一般意志」を解することができるとされるこの「立法者」にほかならない。

『社会契約論』は、近代民主主義論の古典として時とともに高く評価されるようになる一方で、一部の自由主義者たちなどから、じつは自由そのものを侵害しかねないものだ、と批判されてもきた。独裁者が、自身を賢人になぞらえ、公共の利益の名のもとに、専政的な諸法を人びとに強制する可能性があるのではないか、という批判である。実際、一八世紀後半以降の世界には、そして現在も、このような独裁者や独裁政党がすくなくない。『社会契約論』公刊から約七年後、ほかならぬこのコルシカ島で生まれるナポレオン・ボナパルトは、長じて、そうした独裁者の一面を持つ人物となる。

独立運動下の生誕

ルソーがことさらコルシカに期待をかけたのは、まさにその時この島で、一三世紀以来の宗主であるイタリア北西部の海洋都市国家ジェノヴァ共和国にたいする反乱が、成功裏に展開していたからである。それは、島民共同地の接収や、長年にわたるさまざまな重税と暴力的な取り立てへの反抗だった。コルシカ独立戦争ともコルシカ革命とも呼ばれるこの武装反乱は、農牧民を主力として一七二九年に発生し、一七五五年には独自の憲法を布告するまでにいたっていたのだった。

しかし、ルソーの期待は潰えた。反乱を自力で鎮圧できないと考えたジェノヴァが、一七六八年、フランス王国(ブルボン王家)に島の統治権を売り払い、翌一七六九年に上陸してきたフランス軍に、独立派は一敗地にまみれたのである。島の貴族出身で武装独立運動を指導してきたパスカル・パオリは、同年、フランスの長年にわたる宿敵であるイギリスへ亡命する。

敗北したこの独立軍のなかにあって、カルロ・ボナパルトという貴族が、副官としてパオリに仕えていた。だがカルロは、パオリとともに島を脱出する道を選ばず、独立の旗を収めてフランスに帰順する。カルロのこの選択には、身重だった妻レティツィアの懇願がおおきく働いていたのだが、フランス側としても、その後のコルシカ統治にあたり、地元の支配者層を味方に引き入れることが重要だった。そして、カルロがフランス支持派に転向して三か月後の一七六九年八月一五日、レティツィアは、一家の次男となる子を産んだ。ナポレオン・ボナパルトである。

出自の二重性

ナポレオンの出自の特徴は、フランスと、もともとはイタリアの辺境地であるコルシカとの二重性にある。まずもって、ボナパルト家自体が、イタリア本土中部のトスカーナ地方から一六世紀頃にコルシカへ移住してきた貴族の家系である。そしてナポレオン本人の母語は、フランス語でなくコルシカ語であり、名前の表記も、ナポレオーネ・ブオナパルテが本来のものだった。

ボナパルト家は、フランス本土の貴族と比べると裕福ではなかったが、めぼしい産業がなく経済的に立ち後れている貧しい島のなかにあっては、相対的に豊かな暮らしを送っていた。そして、父カルロは、フランスに帰順したことで、おおきく言って二つの特権を得た。まず、彼自身が、島の中心都市アジャクシオの王立裁判所判事となり収入が増えた。一七七一年のことである。ただし、農地経営や投資の才覚はなかったようで、ギャンブル癖もかさなり、ボナパルト家の暮らしぶりが華やかになることはなかった。

しかも、長男ジョゼフとナポレオンにつづいて、一家には多くの子どもが生まれた。ルシアン、エリザ、ルイ、ポーリーヌ、カロリーヌ、そして末弟のジェロームである。養育費の工面で苦労する母レティツィアを横目で見ながら、ナポレオンは幼少期をすごしたのだった。

カルロが得たもうひとつの特権は、フランス貴族としての身分を追認されたことである。そして、この身分のおかげで、フランス国王から、子弟への学資金を下賜されたのだった。ナポレオン自身、そして兄のジョゼフ、そして妹のエリザは、この学資金でもって、それぞれフランス本土に留学できるようになった。ジョゼフはカトリック聖職者となるべく神学校へ、エリザは良妻賢母となることを期待されて、女子教育の最高学府である聖ルイ王立学校へ、それぞれ入学した。そしてナポレオンは軍人となるべく、貴族の子弟にしか入学資格のない王立幼年兵学校の寄宿生となったのである。

図 1-1　アレクシ・ダリジェ・ド・フォントネー作『アジャクシオのナポレオン1世生家』1849年，マルメゾン城館美術館蔵．ナポレオンが生まれた時点では，1階と2階だけがボナパルト家の専有で，3階より上は同じ一族の別家族が所有していた．建物は現在，国立ボナパルト邸博物館となっている．

当時の中小貴族にとっては、息子を聖職者にするか軍人にするか、あるいは法律家にするかの三択が常だった。ナポレオンに軍人の道を歩ませることにした父カルロは、幼いナポレオンのなかに猛々しい武人の資質を感じとったのだろうか。

そうだと想像したくもなるが、それに関する証言記録はない。
ともあれ、辺境のコルシカ育ちの少年は、一七七九年、わずか九歳で親元を離れて大陸へ渡ったのだった。

幼年兵学校

当時のフランスには王立幼年兵学校が一二あり、カルロが息子ナポレオンのために選んだものは、現在のブリエンヌ＝ル＝シャトー村にあった。発泡性ワインの産地として名高いシャンパーニュ地方の、その一角をしめる村である。

幼年兵学校時代のナポレオンについて、その実像を描くことは、信頼しうる資料が存在しないために困難である。一〇歳前後の、まだ無名だった子どもの素行について、確たる資料が豊富にある方がおかしいだろう。

ナポレオンの伝記作家がよく使う資料に、幼年兵学校のひとつ年長の学友で、後年、ナポレオンの秘書のひとりになるブーリエンヌの回想録がある。しかし、これは第三者による編纂もので、ナポレオン死去後の一八二〇年代後半におこなわれた聞き取りにすぎない。

およそ四〇年も昔のことを語ったものだが、ブーリエンヌの描くところによると、少年ナポレオンは、まわりと打ち解けない非社交的な生徒だった。伝記作家たちは、この非社交性の原因を、コルシカなまりがあったことと、コルシカ人はフランス本土人の目から見ると被征服民にすぎないことへの鬱屈感に帰すのがふつうである。

ともあれ、社交嫌いな生徒の避難場所といえば読書がおきまりのひとつだろう。ブーリエンヌによればナポレオンもそうだった。ナポレオンは、休息時間は図書室にこもり、おもに歴史書を耽読したらしい。また、勉学にも熱心で、教科としては数学がかなり得意だったらしい。

幼年兵学校の教師も、ナポレオンは「応用数学につねづね好成績をおさめている。歴史と地理にも精通している」と記録しており、ブーリエンヌの証言を裏付けている。

ただし、当時の貴族社会のあいだで教養として重視されていた文学や美術といった芸術系の科目にナポレオンは熱意を示さなかったと、ブーリエンヌは回想してもいる。

幼年兵学校時代のナポレオンの言動について、ブーリエンヌはもうひとつ、興味深いエピソードを語っている。校長との食事会のおり、ある教師が、ナポレオンがコルシカ出身であることを知ったうえで、イギリス亡命中のパオリを悪しざまに批判したという。するとナポレオンは、つぎのように反論したのだった。

「パオリは偉人であり、祖国を愛していました。彼の副官でありながら、フランスのコルシカ併合に協力した父を、わたしは、けっして許すことができません。父はパオリと運命をともにして、彼とともに没落すべきだったのです。」

独立運動家パオリを崇拝し、他方で、コルシカを併合したフランス国王から学資金を得ているナポレオン。かなり厄介な、立場上のこの矛盾を、批判の矛先をフランス国王でなく父親にむけることで絶妙にコントロールしながら、ナポレオンは少年から青年への過渡期を歩んだの

図 1-2 ジョブ作『幼年兵学校のボナパルト』(Georges Montorgueil, *Bonaparte*, 1910 より). 第一次世界大戦前のおよそ半世紀, ドイツへの敵愾心が強くなっていたフランスでは, かつてドイツを支配したナポレオンへのノスタルジーが高まった. しかし, ナポレオンがコルシカから大陸へと関心を変えるのは, 伝記絵本のこの挿絵とは異なり, 1793 年, 24 歳の頃である. Getty Images

だった。

華美なパリ

およそ五年半を幼年兵学校ですごしたナポレオンは、成績が優秀だったことと、軍職に就くという固い決意にうながされ、パリの士官学校へ進学した。一七八四年、一五歳の秋一〇月だった。

士官学校でナポレオンが選んだ兵種は、当時の花形だった騎兵ではなく、数学上の知識が重要な砲兵だった。弾道が描く放物線を計算できなければ、砲兵隊の指揮などとれない。ナポレオンは、ブーリエンヌらが証言するように、まちがいなく数学が得意だったのだろう。

士官学校には進めなかったブーリエンヌは、この時代のナポレオンについて、真偽はともかく、またひとつエピソードを語っている。学生(士官候補生)の多くは富裕な貴族の子弟であり、かれらは生活全般が華美で、なかには、軍服の手入れなどをする従者さえかかえる者がいた。ナポレオンは、こうした風潮を批判し、学生が身を持するよう、学則改正を副校長に陳情したという。ナポレオンの訴えは容れられなかったようだが、伝記作家の多くは、ここに、実家からの仕送りが少なく手元不如意の青年なら当然抱くはずの、富裕貴族への反感と、改革を求める強い意志ならびに高い行動力を見てきた。

改革への意志や行動力の有無はともかく、さらに、そもそもこの陳情書はブーリエンヌの回想録のなかにしか存在しないものなのだが、ナポレオンが周囲の学生より貧しかったことはたしかだった。ナポレオンは幼年兵学校以来、たびたび父カルロに宛てて、仕送りの増額を求める手紙を出している。

そして、その父が一七八五年二月に胃がんで死に、ボナパルト家は収入の柱を失ってしまう。ナポレオンは任官を急ぎ、ふつうは四年程度かかる士官学校の卒業を、わずか一一か月でなしとげた。開校以来の最短記録だった。やはり、勤勉で学業優秀な学生だったのだろう。

嵐の前の静かな読書生活

一七八五年一一月、一六歳のナポレオンは少尉として、ヴァランス市にある砲兵連隊に着任した。フランス南東部の県庁所在地である。北方一〇〇キロメートルにフランス有数の大都市リヨンがあるが、ヴァランス自体は、果実・野菜などを主産業とする、当時で人口七〇〇〇程度の地方都市である。

パリから遠く離れたこの駐屯地での生活は、いたってのんびりしたものだったと伝えられている。ナポレオンは、仕事としてはもっぱら訓練に明け暮れ、残りの多くの時間を、読書と、論説の執筆に費やした。とくに読書量は膨大で、しかも一冊一冊ていねいにノートをとり、抜粋や批評で紙面が埋められたのだった。

読書リストのなかには、ヴォルテールやモンテスキュー、ルソーなどの啓蒙思想家がならんでいた。貴族の家系といっても、けっして裕福でないナポレオンは、フランス革命を準備することになる改革思想の流れのなかに、この時代にはっきりと身を置くようになったと言えるだろう。

この時代にナポレオンが書いた論説のいくつかが、いまに伝わっている。いずれも熱がこもったものである。とくに郷土コルシカへの思いは深かった。同島のフランスからの解放を熱望する一論説（一七八六年四月二六日付）のなかに、それをうかがうことができる。そして依然として、フランス国王への忠誠心も同居している論説だった。ナポレオンはつぎのように記している。

「ある者が王位奪取をめざして正統な王位継承者の暗殺を巧妙に謀り、これに成功すれば、彼はただちに崇高な法律に守られるだろうが、不成功に終われば犯罪者として断頭台での斬首を宣告されるだろう……。法律などというものは、人民を救うことにならないし、とりわけコルシカ人民の助けにはならない。コルシカ人民は、あらゆる正義の法則に従いつつ、ジェノヴァの軛(くびき)から脱することができたのだから、フランスの軛からも脱することができるはずだ。かくあれかし、アーメン。」

フランス革命前の青年将校ナポレオンは、未来の自分が皇帝となり、ブルボン王政支持者たちから王位簒奪者として指弾されるようになるとは、まったく夢想さえしていなかったのだろう。

さて、一七八六年九月のこと、ナポレオンは休暇を得てコルシカ島に帰郷した。九歳で島を出て以来、七年と九か月ぶりの故郷だった。だが、安穏な帰省ではなかった。実家は、父が死に固定収入が激減していたうえに、所有していた農地が荒廃し、そこからの収入も先細っていたのである。ナポレオンは家政を立て直すために、母のもとで約一年間をすごした。

長期にわたる軍からの離脱は除籍にいたるため、ナポレオンは翌一七八七年九月に、いったんヴァランスの砲兵連隊へもどった。だが二か月後、さらに六か月の休暇を申請し、ふたたびコルシカ島へおもむく。それほどに、ボナパルト家の家政は深刻だったのである。

ナポレオンは、家政の立て直しのためにコルシカ州長官らへの請願などをおこなう一方で、これまでと同様に、コルシカ在島中も読書と執筆に多くの時間を割いた。その原稿は散逸してしまったが、コルシカ独立を熱く語ったと推定されている『コルシカ史』をナポレオンが執筆し始めたのは、まさにこの島のなかにあってのことである。本土よりも貧困な島の現実に直面したことが、コルシカへの思いを強めたと、多くの伝記作家は書き記してきた。

一七八八年六月、ナポレオンはフランス本土にもどり、ヴァランスからオーソンヌへ移動していた原隊に復帰した。フランス中東部ブルゴーニュ地方の小規模な町である。ナポレオンはオーソンヌで砲術をみがき、砲兵の練兵も担当した。そして一年間、あいかわらずナポレオンは、読書と執筆という思索の時間を、田舎町でおくるのだった。

そして嵐がきた――フランス革命の勃発

オーソンヌでナポレオンが思索に多くの時間を割いていたこの時期、フランス王国の財政は悪化の一途をたどっていた。

当時のフランス社会では、人口の九割以上を占める農民と都市民衆が重税に苦しむ一方で、貴族と聖職者には免税特権が与えられていた。国王は、こうした特権階級に新税を課そうとしたが、これに大貴族らが猛反発。かれらは、国王の独断専行を抑えるために、三部会（聖職者、貴族、平民からなる身分制議会）のみが課税の是非を決められると主張して、その開催を求めた。

一七八八年七月、国王も、およそ一七〇年ぶりの三部会召集に同意し、ここに、フランス革命の序幕があがったのだった。

一七八九年五月に三部会が開催されると、事態は急展開する。富裕な商工業者や大農場経営者などの有産市民(ブルジョワ)を中心とする平民議員に、王政改革の必要性を感じていた聖職者議員の多くと貴族議員の一部が合流し、七月九日、かれらによって、絶対王政に替えて立憲政をめざす憲法制定国民議会の樹立が宣言された。

さらに革命は、職人・零細手工業者・小商人などからなる都市民衆を巻きこみつつ拡大し、七月一四日には、要塞と牢獄を兼ねるバスティーユが、パリ民衆によって襲撃され陥落した。ブルボン王朝による悪政の象徴だった建物である。

そして地方でも、「大恐怖」と呼ばれることになる騒動が広がっていった。小作農らによって貴族領主の屋敷が襲われ、身の危険を感じた富裕貴族や高位聖職者たちの多くが、国外亡命を余儀なくされたのである。

都市民衆と農民による蜂起におびえた貴族階層とブルジョワ階層は妥協を図り、憲法制定国民議会において、八月四日に封建的諸権利の廃止が宣言され、ついで八月二六日には「人間と市民の権利の宣言」(人権宣言)が定められた。こうしてフランスは、大混乱をともないつつ、これまでの封建的身分制社会から、自由かつ権利において平等な市民によって構成される市民社会へと、おおきく変化し始めたのである。

このとき、ナポレオンがどのように行動し、どのように考えていたのかは、兄ジョゼフに宛てた、二通の手紙の文面からうかがうことができる。七月一九日にオーソンヌでも民衆蜂起がおこり、治安出動したナポレオンは、手紙(七月二二日付)のなかでつぎのように書いている。

「軍鼓の音と、武具、流血のまっただなかで、この手紙を書いています。この町の下層民たちは、外から略奪にやってきた大勢の盗賊と一緒になって、日曜の夜、農場の経理士らが住む建物を荒らしまわり、入市税事務所や、多くの民家も略奪しました。……われわれは何度も出動し、三三名を逮捕して牢に放りこみました。……今は治安が回復しています。一か月もすれば、まったく問題はなくなるでしょう。」

このときジョゼフは、聖職者への道を捨てて法律家となり、まだ独身ということもあって、母レティツィアとともにコルシカで暮らしていた。二二日付のこの手紙が治安回復を強調しているのは、母や兄を心配させまいとするナポレオンなりの配慮なのかもしれない。しかしそれでも、本土での深刻な騒動は、避けて通れない話題だった。もう一通、八月九日付のそれを、ナポレオンはつぎのような文章で始めている。

「農民と下層民たちは、首都にならって、ありとあらゆる破壊行為を犯しました。」

ナポレオンは、暴力をともなう革命の奔流のなかにあって、都市民衆や農民らとともにあろう、などとは考えなかったのである。

ただし、ナポレオンは特権階級側に寄りそったわけでもない。封建的諸権利の廃止が宣言されたという知らせがオーソンヌにも伝わったあとで書かれたこの手紙は、つぎのように続いている。

「フランス全土で血が流れました。しかしそれは、ほとんどどこでも、自由の敵の、国民の敵の、汚らわしい血でした。かれらは、自由と国民を犠牲にして肥え太ってきたのです。」

フランス革命は特権貴族の革命から始まり、そこにブルジョワ階層が参画し、ついで都市民衆、さらに農民がくわわって複雑な展開をみるわけだが、この複合革命のなかにおけるナポレオンの立ち位置は、あきらかにブルジョワ階層側にあった、と言えるだろう。

コルシカでの最初の成功

本土各地が騒擾（そうじょう）状態にあった一七八九年九月、ナポレオンは軍隊に休暇届を出し、またコルシカへ渡った。島の海岸が目に入りだしたとき、ナポレオンの胸中は、どのようなものだったのだろうか。

その三か月前のこと、イギリス亡命中のパオリに宛てて書かれた手紙(六月一二日付)のなかに、それがうかがえる。手紙は、つぎのような文章で始まっている。

「わたしは祖国が滅亡した時に生まれました。わたしたちの海岸に吐きだされた三万人のフランス人が、血の波間のなかに自由の玉座を溺れさせるというおぞましい光景。これが、光を宿したわたしの目が最初に見たものでした。瀕死の人びとの叫び声、虐政に苦しむ人びとの呻き声、そして絶望の涙。これらが、わたしの揺りかごを、はじめから取り囲んでいました。

あなたは、わたしたちの島を去っていかれました。そして、あなたとともに幸せの希望が消え去りました。降伏によって得たものは隷属でした。わたしたちの同胞は、兵士、法律屋、徴税人という三重の鉄鎖に打ちのめされ、統治権を握る連中の侮蔑を浴びながら生きています。」

フランスへの手厳しい批判が読みとれるが、独立論が唱えられているわけではない。フランス王国内にあってなかば植民地状態に置かれてきた故郷の島を、本土からのブルジョワ革命の波に乗って救済する、という固い決意を抱いての帰島だった、と言えるだろう。

実際、九月以降のナポレオンは、島の旧来の支配層である貴族階層への弾劾文を矢継ぎ早に書き、革命の宣伝に努めたのだった。島の貴族階層は、フランスの支配を受け入れることで封建的特権を享受してきたのであり、依然として、その温存を図っていたのである。

そして一一月、島内での革命派の成長に呼応する形で、本土の憲法制定国民議会は、コルシカが他のフランス国民と同じ憲法下で統治されるべきことを決議した。封建的特権は廃止され、さらに、島の行政を、フランス本土出身の官吏に替わって、コルシカ人が担うようになるなど、植民地体制も急速に崩壊していった。

翌一七九〇年七月にはパオリが、この年の三月にコルシカ州からコルシカ県となっていた島に帰ってきた。革命前のさまざまな制度が、はげしく変化していた時だった。そして九月、パオリは、革命の治安面を担う国民衛兵隊の県総司令官に任命され、ついで、コルシカ県行政府首長にも選出された。

ナポレオン自身は、本土のフランス軍士官という立場上、島内の要職には就かなかった。しかし、革命政治団体ジャコバンクラブの支部として島内で結成された「自由と平等の清廉なる友の会」の有力会員となり、革命宣伝文章を書きつづけていた。

そして一七九一年一月、ブルジョワ革命派の青年煽動者ナポレオンは、自身の思惑通りに島の政治が動きだしたことを確認したあと、コルシカを離れる。

一年四か月にもおよぶこのコルシカ在島中にナポレオンが書き下ろした宣伝文書が、どれほど島の革命化に与ったのかは、もちろんわからない。しかし、幼年兵学校時代からたゆまず続けていた読書と執筆の習慣が、宣伝文という形でこのとき実を結んだことは確かだろう。さらに言えば、幼時からの読書習慣が、後年、ナポレオンが統治者として、ルソーにならって言えば「立法者」として、法典・法律などを起案するうえで力になることも、また確かだろう。

挫折

ナポレオンがオーソンヌの兵営にもどった一七九一年は、フランス全土で、王政の継続か、それとも共和政の樹立かをめぐり、激論が交わされた年だった。

ただし、この時期のナポレオンは、王党派か共和派か、その旗幟を決めかねていた。六月に所属部隊がヴァランスにもどり、このとき、上級の貴族士官が大量亡命していたおかげで軍功もなしに中尉に昇進したナポレオンは、軍務のかたわら、町のジャコバンクラブ支部で活発に活動し、『共和政か王政か』という論説を著す。しかし、両派の主張を吟味することに主眼がおかれている論説だった。

両派のあいだで揺れながら、ナポレオンは同年九月にふたたびコルシカへ渡った。たった七か月ほどの不在だったが、島の政治状況は様変わりし始めていた。反革命派が失地を回復しつつあったのである。

状況の変化には、二つの原因があった。ひとつは、聖職者民事基本法(一七九〇年八月成立)に対する、はばひろい島民の反感だった。カトリックの聖職者に国から俸給を与えて公務員化したうえで、かれら聖職者に憲法への忠誠宣誓を求める法である。聖職者の多くが、聖書以外のものに忠誠を誓うことを信仰上の立場から拒否し、ローマ教皇も宣誓僧を厳しく批判したため、教会とライフスタイル上のつながりが濃密な多数のコルシカ島民が、民事基本法を推進する革命派から距離を置くようになったのである。反革命派は、ここに巻き返しの好機を見たのだった。

もうひとつは、一七九一年九月の法令により、国有化された王領地の売却が始まったことである。問題は、王領地に含まれていた共同地の利用が、売却により不可能になることにあった。放牧・伐採・狩猟など、共同地を生計の糧にしていた貧しい農民や牧畜民には、大きな痛手となるのである。安価での売却だったとはいえ、貧困層には手が出ず、結局のところ、こうした国有地を購入できたのは、町に住む比較的裕福な旧来の支配層やブルジョワ階層である。こうして、農牧民のあいだに、革命への反感がひろがり始めた。ボナパルト家とその親族も、国有地を購入して資産を増やし、多くの島民から冷ややかな目で見られるようになっていく。

反革命派が巻き返すなか、革命派のなかでも不協和音が生まれ始めた。パオリは島民感情に重きを置き、聖職者民事基本法と国有地売却を強制するフランスへの反感を強めた。一方ナポレオンは、フランスからの変革の波を利用してブルジョワ革命を推進するという立場を捨てず、パオリと一線を画するようになり始めたのである。

そんななかで、翌年、一七九二年四月に国民衛兵隊現場指揮官の選挙が島でおこなわれた。国民衛兵とは、フランス全土で、治安維持のために創設された民兵であり、正規軍とならんで革命期の重要な武力装置であった。一定の直接税を納める男性市民に隊員資格が与えられ、隊員によって正副隊長が選ばれる仕組みになっていた。

前述したように、国民衛兵隊のコルシカ県総司令官はパオリである。だが、その現場指揮権を握ることが、反革命派に対抗するうえでも、そして革命派内で主導権を発揮するうえでも重要だった。ナポレオンは、本土正規軍の士官職を失うことを覚悟したうえでこの選挙に立候補し、パオリ派の対抗馬を破ってアジャクシオ第二大隊(全島で四大隊)の副隊長に選出された。

しかし、早くも一週間後の四月八日、新副隊長ナポレオンが窮地に追いこまれる事件が勃発する。信仰心が盛りあがる復活祭のこの日、聖職者民事基本法に反対する島民デモがおこなわれ、デモ隊と、ナポレオン指揮下の国民衛兵とのあいだで武力衝突が発生し、デモ隊側に死者が出たのである。

デモ隊側が挑発したのか、国民衛兵側がさきに発砲したのか。いまでも真相は解明されていない。たしかなことは、事件の現場には居あわせなかったナポレオンが、パオリ派から発砲の首謀者として手厳しく批判されたことである。パオリ自身はナポレオンを直接叱責せず、またナポレオンもなんらかの処分を受けることはなかったが、ナポレオンは翌五月、ひとまず島を退去し、批判の矛先をかわさざるをえなかった。

幼年兵学校から数えて一三年、順調に軍歴を重ね、故郷コルシカに革命の風を吹かせようと懸命に働いてきたナポレオンにとって、小さな事件だったとはいえ、最初の挫折だった。フランス本土へ戻る船のなかで、ナポレオンは、宗教心にとらわれた人びとを統御し治めることの困難さに、思いをめぐらしていたかもしれない。

コルシカとの決別

ナポレオンはヴァランスの砲兵連隊に復帰することができた。しかも、七月には大尉に昇進さえした。中尉になったときと同じ事情が働いたのだった。正規軍内では、士官職を占めていた貴族の多くが「大恐怖」でもって亡命したために、士官学校出の職業軍人が強く求められていたのである。一七九一年末の段階で、約六〇パーセント、六〇〇〇人の貴族出身将校が亡命したのだった。

そして、ナポレオンが正規軍に戻って二か月後の一七九二年八月一〇日、バスティーユ事件とならぶ大騒動が、ふたたびパリで勃発した。都市民衆が王権の停止を求めて蜂起し、市内中心部にあったチュイルリー宮殿になだれ込んだのである。守備兵側に約六〇〇名、蜂起側に約四〇〇〇名の死傷者が出るなか、ルイ一六世国王一家は捕らえられ、牢に監禁された。ついで、九月に選出された新議会（国民公会）により、王権が停止され、フランスは王政から共和政へ移行する。さらに一七九三年一月には、ルイ一六世が公開処刑されるにいたった。

政治体制が大転換し始めた一七九二年半ばから翌年はじめにかけてのこの時期は、フランスが、革命の波及を恐れて干渉してきたオーストリア（ハプスブルク帝国）およびプロイセン王国とのあいだで戦火を交えたあと、対外侵攻を開始する時期でもあった。サルデーニャ王国内のサヴォアとニースを、それぞれ一七九二年一一月と一七九三年一月に併合したフランスは、二月にサルデーニャ島へ侵攻したのだった。コルシカ島の真南に位置する島である。

そして、フランスが国王処刑のみならず、対外侵攻も開始したことで、周辺の諸王国政府は危機感を強めた。急進的な革命思想の波及によって体制が転覆させられてしまうのではないか、と恐れたのである。こうして、イギリスやオーストリア、プロイセン、サルデーニャ、スペインなどにより、フランスの革命政権を武力で倒すための(第一回)対仏大同盟が結成された。

内外にわたるフランスのこうした動向にたいして、パオリは反感を募らせていた。パオリは共和政を良しとせず、また、コルシカ第一主義の立場から、対外侵攻にも懐疑的で、島内の税収入を国庫に上納することや、対外戦争の軍事力となりうる国民衛兵を本土に送ることも控えていたのである。

一方、ナポレオンは一七九二年一〇月にコルシカへもどり、翌年二月のサルデーニャ本島への遠征に、アジャクシオの国民衛兵大隊を率いて参加した。ナポレオンにとってフランス国境外での最初の軍事作戦である。そして当初、この遠征は、本島周辺の島々を占領するなど成功裏に展開していた。ところが、パオリの甥である遠征軍司令官の命令により、勝利を目前にしてフランス軍は撤退することになった。

この撤退命令にパオリの直接関与があったかどうかは不明だが、この事件により、パオリと、国民公会およびナポレオンとの関係は、決定的に悪化した。四月二日、国民公会はパオリのパリへの召喚を決議した。

パオリはこの決議に猛反発する。そして五月、パオリ派の島民がボナパルト家に押しよせ、扉や窓枠にいたるまで略奪を働き、屋内に火も放った。ナポレオンは、母や兄弟姉妹を率いて島内で逃避行を余儀なくされたあと、六月に島を脱出する。

その後、ナポレオンがコルシカを訪れるのは、六年後の一七九九年、エジプト遠征からの帰途に二日間だけ立ち寄った、その一回かぎりである。ナポレオンにとって一七九三年の脱出劇は、故郷コルシカへの熱い思いを、幻滅に替えたのだろう。

第2章
頭　角

ピエール＝ポール・プリュードン作『マルメゾンの庭の皇后ジョゼフィーヌ』1805-1809年，ルーヴル美術館蔵．

ナポレオンの最初の妻となるジョゼフィーヌは，パリの西方12キロメートルほどのマルメゾン城館を，結婚3年後の1799年，ナポレオンがエジプトへ外征中に買い求めた．その高額な費用は，同年10月に帰国するナポレオンがすべて支払うことになる．

ジョゼフィーヌは，館内だけでなく，広大な庭の整備にも力を注ぎ，バラなどの栽培に努めた．マルメゾンは，ナポレオンが政権を握って以降，官邸や宮殿の機能を，しばしば担うことになる．

1809年に完成したこの絵のなかのジョゼフィーヌは，愁いをたたえている．庭全体が薄暗いこともあいまって，絵からは憂愁な雰囲気がかもしだされている．こうした画調は，この時期，ジョゼフィーヌがナポレオンとの離婚問題に直面していた，という事情から説明されることがある．

離婚後，ジョゼフィーヌは慰謝料として与えられたマルメゾンに住みつづけるが，1814年5月，風邪をこじらせて息をひきとる．この絵のように，女性美をアピールする薄着で庭を散歩したことがあだになったと伝えられている．散歩の相手は，13歳半年下のロシア皇帝アレクサンドル1世だった．

現在のマルメゾンは，ジョゼフィーヌおよびナポレオンに関する国立博物館になっている．

トゥーロンでの戦功

ボナパルト一家は、一七九三年六月、マルセイユに居を構えた。コルシカ島での家産を失った一家の生活は苦しかった。ナポレオンは正規軍に復帰し、オーストリア・サルデーニャ王国連合軍と戦闘中のイタリア方面軍への兵器輸送の任につくが、一大尉としての給金だけでは一家全体を養うのが困難だった。

だが、ほどなくしてナポレオンは、軍隊で頭角を現し始める。当時のフランス本土では、ジロンド派(穏健共和主義の諸派閥)が勢力を弱め、山岳派(急進共和主義者)が国民公会を支配するようになっていたが、ジロンド派と王党派は手を組み、南フランスの主要地方都市を武装支配していた。対外戦争と並行して内戦も展開されているという状況にあって、ナポレオンは、山岳派の指導者のひとりである国民公会議員オーギュスタン・ロベスピエールに庇護されるようになったのである。きっかけは、ナポレオンが七月末に執筆し山岳派有力者たちに贈った小冊子『ボーケールの晩餐』だった。

マルセイユから北西八〇キロメートルほどのボーケールの町で、ひとりの軍人と、南フランスのマルセイユ、ニーム、モンペリエの各市民三人が、夕食をとりながら政治情勢について語りあうという冊子である。このなかで、ナポレオン本人と目される軍人が、熱烈な山岳派として立ち現れ、ジロンド派および王党派を支持するマルセイユの市民を「特権階級」「祖国の敵」だと痛罵する。ようするに、政権を握る山岳派にむけた自己宣伝冊子である。

冊子を読んだオーギュスタンは、ナポレオンを高く評価し、地中海の海港都市トゥーロン攻囲戦へ、砲兵隊指揮官として派遣した。着任早々、ナポレオンは少佐に昇進もしている。

南は海に面し、三方を城壁で囲まれた要塞都市でもあるトゥーロンは、一七九三年六月以来、ジロンド派・王党派連合勢力に支配されていた。さらに、八月になると、その連合勢力に手引きされてイギリス・スペイン連合艦隊も入港し、山岳派支配下のフランス共和国軍は、イギリス・スペイン両海軍に防御されるようになったトゥーロンの攻略に手を焼くことになる。ナポレオンがトゥーロンに現れたのは、まさに、共和国軍が手詰まり状態にあったときである。

少佐ナポレオンは、港を大砲で制圧するための好適地である岬に目をつけ、そこにイギリス軍が設けていた要塞をまず奪取する、という作戦を立案した。ここをフランス軍が占領すれば、砲弾の雨にさらされることになるイギリス・スペイン連合艦隊は港を立ち去るだろう、という

図 2-1　ラフェ作『上官にトゥーロン攻略案を説明するボナパルト』(Jacques de Norvins, *Histoire de Napoléon*, 1827 より)

読みがあったのである。幼年兵学校以来の堅実な勉学習慣が実を結んだ立案だったと言えるだろう。上官たちを説得するのに時間を要したものの、一二月に入って、この作戦が実行に移されることになる。

一二月一七日深夜にナポレオンが陣頭指揮する中隊が砲門を開き、岬に陣取っていたイギリス軍との激戦のすえ、明け方にここを占領。形勢不利をさとったイギリス・スペイン連合艦隊は、港から脱出する。一九日、町はフランス共和国軍によって占領され、大量のジロンド派ならびに王党派が公開処刑されることになる。

トゥーロン攻囲戦を監視するために国民公会から現地に派遣されていたオーギュスタンは、戦勝の功労者としてナポレオンを高く評価した。その推挙により、二二日、ナポレオンは三階級特進して准将(旅団長)となる。二四歳という、フランス軍史上もっとも若い将軍の誕生である。さらに、翌一七九四年二月、ナポレオンはイタリア方面軍砲兵隊司令官に任命される。

軍隊内で出世の階段を急速に昇り始めると、ナポレオンの私生活も華やかさをまといだした。兄ジョゼフが、マルセイユの裕福な絹織物商クラリー家の令嬢ジュリーと交際するようになり、ナポレオン自身も、ジュリーの妹デジレとの結婚を考え始めるのである。もちろん、兄弟ともに持参金をあてにする気持が心の片隅にあっただろうと、多くの伝記作家は考えている。

慎重居士

ナポレオンは軍事知識が豊かだっただけではない。一七九四年のこの年、国内政治の流れを冷静に観察しながら身を処するという術にも秀でていることを、ナポレオンは身をもって示した。いきさつはこうだ。

当時、オーギュスタンの兄であるマクシミリアン・ロベスピエールが最高指導者となっていた山岳派内で、最高価格令による物価統制の是非など、多くの施策をめぐって激しい論争が展開されていた。自由競争を望む商工業ブルジョワ階層と、生産物を高く販売したい農民は強く反発したが、ロベスピエールは物価統制を断行する。さらにロベスピエールは、自身の施策に反対する人びとを反革命派だとしたうえで、かれらをつぎつぎに粛清・処刑していった。「恐怖政治」と呼ばれるロベスピエールのこの専政下で、逮捕拘束された者は約五〇万人、そのうち約一万六〇〇〇人が処刑された。

そんななか、ナポレオンはオーギュスタンから、政局の中心地であり、毎日のように大量処刑がおこなわれていたパリの、その国民衛兵隊司令官に就くよう要請された。だが、それをナポレオンは辞退した。

マルセイユ近郊で革命監視委員の公職にあった次弟ルシアンが、回想録のなかで、一七九四年五月九日にナポレオン自身の口から、この要請を断る旨を知らされた、と語っている。そのときナポレオンは、つぎのように胸の内を明かしたらしい。

「わたしがあの男(ロベスピエール兄)を助けるだって？　いやだ、絶対にいやだ。わたしがあのまぬけなパリ司令官(アンリオ)と交替すれば、たしかに、あの男の役にたつだろう。しかし、そんなことはしたくない。いまはそのときではない。」

ルシアンの回想録は、一八三六年に公刊されたものである。四〇年以上も前に交わされたとする兄弟の会話に、どれほどの信憑性があるのか、疑ってかからなければならない。

しかし、もう一件の資料も、ナポレオンの同じような心中を伝えている。セント・ヘレナ島までナポレオンに随行した腹心の部下ベルトラン将軍の『セント・ヘレナ覚書』(一九五一年初刊)によれば、かの地でナポレオンはベルトランに、オーギュスタンからパリに出てくるよう要請されたが「もしパリに引き留められれば、なにが起こるかわからない」と考えて断った、と打ちあけたのだった。

パリ国民衛兵隊司令官という高い地位と、身の危険とを天秤にかけて、ナポレオンは冷静に身を処したのである。

この判断がまちがっていなかったことは、二か月後の七月二七日に明らかになる。この日、ロベスピエール派指導者たちが、国民公会多数派によって告発・逮捕され、ただちに処刑されたのである。いつの日か自身の首にギロチンの刃が落ちかねないと恐怖する国民公会議員たちによる、事実上のクーデタである。

このとき、ロベスピエール兄弟ともども、パリ国民衛兵隊司令官アンリオも断頭台に上がった。

自死の危機か

断頭台には引きずりあげられなかったナポレオンだった。だが、ロベスピエール派による「恐怖政治」への反感が国民公会のなかで根強く、ナポレオンは、ロベスピエール弟の被庇護者であったことが災いし、八月九日、ニースで逮捕された。

とはいえ、ナポレオンは、山岳派賛美の小冊子『ボーケールの晩餐』のなかでも、この時期に書いたどの私信のなかでも、ロベスピエール兄弟の名をあげて支持を表明することはしない、という慎重さを持ちあわせていた。

ナポレオンは、逮捕から一〇日後に釈放され、さらに一か月間の禁足ののち、自由の身となる。

だがそれでも、一度押された烙印が消えるには時間が必要だった。ナポレオンは軍務への復帰を申し出るものの、提示されたポストは、王党派と農民による軍事反乱が続いているフランス北西部ヴァンデ地方の歩兵旅団長だった。任官してから常に勤務していたフランス東南部でなく、土地勘のない激戦地、しかも専門外の歩兵職である。ナポレオンは拒否し、休職の道を選んだ。予備役になり、給与は半減した。

仕事面では不遇だったものの、私生活では明るい出来事もあった。兄ジョゼフが一七九四年八月にジュリー・クラリーと結婚したのにつづき、ナポレオンも、一七九五年四月、義妹となったデジレと婚約する。

だが、多くの伝記作家は、休職中のこの時期、ナポレオンは鬱状態におちいったのではないか、と推測している。たしかに、このころナポレオンが執筆した悲恋短編小説『クリソンとウジェニ』は、鬱状態にある人間が書きそうな、いたって暗い、こんな話である。——革命軍士官クリソンは戦場で負傷し、妻ウジェニへの手紙をたびたび僚友に託す。だがその僚友はウジェニを誘惑し、彼女もクリソンを裏切る。ウジェニから手紙がこなくなったクリソンは、悲痛な想いにあふれる手紙をウジェニに宛てて送ったあと、激戦の最前線に出て戦死する。

すくなくとも、婚約したばかりの男が書くような話ではない。六月二四日付の、兄ジョゼフに宛てた手紙も暗い。そのなかでナポレオンは、「人生とは、はかなく消える淡い夢のようだ」と嘆息しているのである。

そして八月、ナポレオンは生活費を稼ぐために、不本意ながら、パリの戦争省測地局に職を求める。実戦とはかけ離れた仕事である。

伝記作家のなかには、こうしたナポレオンの言動に注目し、ナポレオンが自死を考えるほど精神的に追い詰められていたのではないか、と想像する者たちもいる。

あらたな庇護者

ニースで逮捕されてからの一年間というもの、ナポレオンは、その豊かな軍事知識を活かす場を与えられなかったのだが、一七九五年八月、パリで働くようになったナポレオンに手を伸ばす者が現れた。ロベスピエール派を国民公会から一掃した勢力の領袖(りょうしゅう)、ポール・バラスである。

バラス派とも呼ばれるその勢力は、革命から多大な経済的利益を得た人びとである。革命により教会や王家・亡命貴族の土地が国有化され、それを競売で取得して利益をあげた人びと、つまり、コルシカ島で王領地を買い取った者たちとおなじブルジョワ階層である。まさしくボナパルト家も、こうして購入した土地から切り離されるかたちでコルシカを脱出したとは言え、そうした階層のなかにあった。

このブルジョワ階層は、国有地取得という革命の成果を早急に既成事実化するために、これ以上の革命の進展を望まなくなった。また、フランス全土の約三分の一を占めていた小作地が、山岳派政権下の一七九三年七月におこなわれた「封建地代の無償廃止」により農民所有地となり、そのおかげで誕生した大量の自作農民も、所有地を守ることに汲々とするようになっていた。こうしたブルジョワ階層と農民は、山岳派が勢力を盛り返して革命を推し進め、最高価格令による物価統制という前例のように、私有財産権が制限されるような事態にいたることを恐れていた。実際にも、一七九四年一二月、穏健共和主義のバラス派が牛耳る国民公会は最高価格令を廃止した。

一方、都市民衆は、国有地売却から利益を得られず、あらたな分け前を求めて革命をさらに推し進めようとする。ここに、急進共和主義の山岳派が勢力を保持する余地があった。

また貴族を中心とする王党派は、教会や王領地・亡命貴族の土地の国有化はもちろん、封建地代の無償廃止そのものに反対し、これに、革命を利用して富裕化したブルジョワ階層に反感をいだく、カトリック信仰と王政信仰に篤い一部の農民が合流した。

バラスは、国有地取得という既得権を、こうした王党派と山岳派の攻撃から守ろうとして、パリの町のなかに、経済的利益をブルジョワ階層と共有する有能な軍人を探した。見いだされたのが、ナポレオンである。

ヴァンデミエール将軍

実際、バラスら穏健共和派に危機が迫っていた。直接の契機は、国民公会が一七九五年八月に制定した新憲法(共和国三年憲法)のもとで招集される国政議員の、その選出方法だった。

新憲法により、立法府は従来の国民公会に代わって五百人会と元老会の二院制(直接税納付額などを基準にした制限選挙によって毎年三分の一ずつ改選)になり、行政府は、五人の総裁(毎年一人ずつ改選)による集団指導制(総裁政府)へ移行することになっていた。五百人会が総裁候補者リストを作成し、元老会がリストから総裁を選出するというシステムである。

しかし、国民公会で多数を占めていた穏健共和派は、国民公会議員の三分の二を抽選で両会に残留させる法律をあらかじめ制定した。王党派、あるいは山岳派によって立法府および行政府が掌握される事態を、穏健共和派は恐れたのである。そして一〇月五日、この「三分の二法」に反対して、王党派がパリで蜂起した。

蜂起鎮圧の最高責任者は、国内軍司令官としてバラスが務め、その副官として現場で指揮をとったのがナポレオンだった。国民公会がおかれているチュイルリー宮殿と、その東に隣接するルーヴル宮殿に押しよせる蜂起の軍勢約二万五〇〇〇。それにたいして、ナポレオン指揮下の政府軍約五〇〇〇は、人員殺傷を目的とする葡萄弾(葡萄の粒に擬せられる小弾が多数詰められている砲弾)を大砲にこめて応戦した。結果は政府軍の圧勝。政府軍には四〇門の大砲があったのにたいし、蜂起側には大砲が欠けていたなど、火力差が大きかったと考えられている。

図 2-2　ヤン・ダルジャン作『王党派の蜂起を鎮圧するボナパルト』(Adolphe Thiers, *Histoire de la Révolution française*, 1866 より)

翌六日、ナポレオンは兄ジョゼフに宛てて勝利を知らせる手紙を書き、最後に「幸せがわたしに顔をむけている」と付けたした。

たしかに、ナポレオンはこの手紙の一〇日後に准将から少将へ昇格し、さらに一〇日後、バラスの後任として国内軍司令官という要職に就く。

ナポレオンが軍事栄光でつつまれる影で、蜂起側の死者は三〇〇名に上ったと見積もられている。王党派は、葡萄弾を用いたナポレオンを虐殺者だと非難し、少将(général de division)ではなく「ヴァンデミエール(葡萄月)将軍(général Vendémiaire)」と、あだ名するようになる。フランスでは一七九三年に、キリスト教的なグレゴリウス暦に代わって、一二か月の各月の名に自然現象があてられる共和暦が採用されており、それにしたがえば、この一〇月五日はヴァンデミエール一三日でもあったのである。

ジョゼフィーヌとの出会い

王党派の蜂起を首尾よく鎮圧したナポレオンは、庇護者バラスらの豪華な屋敷で夜ごとに開かれる宴会に招かれるようになった。そして、ここで出会ったのが、社交界の花形にして、バラスの愛人のひとりだったジョゼフィーヌである。

「ジョゼフィーヌ」とは、ナポレオンが使いだした愛称で、本来の名はマリー・ジョゼフ・ローズと言う。カリブ海のフランス植民地マルチニック島生まれで、砂糖農園を経営する富裕貴族の長女である。一七七九年一六歳のときにフランスへ渡り、遠縁の大貴族アレクサンドル・ド・ボーアルネ子爵と結婚、一男一女をもうけた。だが、当初から夫婦仲は良くなかったらしく、ほどなくして別居生活に入り、一七八八年には島にもどる。

翌年にフランス革命が始まり、砂糖農園で働く黒人奴隷たちの暴動が頻発し、難を避けるために、ふたたびフランスへおもむく。だが、頼りにしていた夫アレクサンドルは恐怖政治下に逮捕され、ジョゼフィーヌ自身も、反革命派の烙印を押された夫の釈放を請願したことを理由に投獄された。一七九四年七月二三日にアレクサンドルは処刑され、ジョゼフィーヌにも断頭台が迫る。だが、寸前にロベスピエール派が粛清されて恐怖政治が終わった。ジョゼフィーヌは釈放され、その後、美貌と人付き合いの良さを活かしてパリ社交界の花形となり、多くの愛人をかかえて浪費的生活を享受していた。

ナポレオンと、六歳年上のジョゼフィーヌとの恋愛模様については、これまでに多数の書籍が出版されてきた。ふたりは、バラスなどごく少数の者を立ち会い人にして、両家のだれにも知らせずに、一七九六年三月九日に結婚するが、その背景にはなにがあったのだろうか、という点にまず関心がそそがれ、さまざまに類推されている。

ナポレオンは、パリ社交界で青年将軍としてもてはやされ、洗練された複数の女性と浮き名を流すようになり、もともと財産目当ての色合いがあった地方育ちのデジレ・クラリーとの婚約を、あっさり解消したのではないか。ようするに、持参金を当てにする必要がないほど栄達したのだ。母や兄に結婚を事前報告しなかったのは、クラリー家を裏切ることになるわけで、ばつが悪かったのだろう。

三三歳のジョゼフィーヌは、年齢による容色の衰えを感じはじめ、バラスから、出世街道に入った青年将軍へ乗り換えを図ったのではないか。彼女にとって、パリ社交界新入生を夢中にさせることなど、いとも簡単だったのだろう。

バラスは、ジョゼフィーヌをお払い箱にすることをそろそろ考えはじめ、その気のありそうなナポレオンにおしつけたのではないか。これで手切れ金を払わずにすむ、という計算もあったのだろう。

ナポレオンには、バラスなど政界の大物に影響力がありそうなジョゼフィーヌを、さらなる出世のために利用しようという打算があったのだろう、……などなど。

確たる資料がないので、いくらでも想像をたくましくできる。そもそも恋愛模様など、本人たちにしか本当のところはわからないだろう。いや、本人たちだって、実のところわかっていないのかもしれない。

確実なのは、このときのナポレオンはジョゼフィーヌのとりこになっていたことである。すべての伝記作家が、この点では一致している。一七九五年一二月某日、朝七時と記したうえでナポレオンがジョゼフィーヌに送った手紙が、多くの書籍に引用されてきた。その初めと終わりは、つぎのように記されている。

「私は君のことで思いあふれて目が覚めました。君の肖像と昨夜の陶酔が、私の官能に休息のいとまを与えなかったのです。
やさしくたぐいなきジョゼフィーヌよ、あなたはなんという奇妙な力を私に及ぼすのでしょう。……ミオ・ドルチェ・アモーレ(私の優しい恋人)、千の接吻を送ります。私には接吻を送らないでください。君の接吻は私の血を燃え立たせるからです。」(草場安子訳)

前夜に初めての情交があったらしいことを思わせる手紙である。

イタリアへ

結婚の二日後、一七九六年三月一一日、ナポレオンはイタリア方面軍総司令官として、ジョゼフィーヌのもとを出立した。第一次イタリア戦役の開始であり、その背景には、穏健共和主義政権の、つぎのような苦境があった。

一七九五年一〇月一二日から二一日にかけて、新憲法にのっとり両院議員が選出された。「三分の二法」のおかげでバラスらの穏健共和主義者が過半数を確保したが、国民公会からの選出でない新議員だけをみると、王党派が九割以上を占めていた。結局、総裁五名の過半をバラスら穏健共和主義者が占めることとなり、総裁政府は一一月から始動するが、それは、このような不人気のなかでの船出だったのである。

インフレーションの昂進、信用不安、工業生産と貿易の縮小などの難事が、フランスを襲っていた。問題が山積みするなか、総裁政府は、一七九二年以来つづいている対外戦争の拡大に期待をかけた。占領地に巨額の賠償金や税金を課すことで、破綻の崖っぷちにある国庫を救うことができるからである。しかも、戦争によって自然と愛国心がかき立てられることで、政権への求心力が国民のあいだで高まることも期待できる。

こうして、オーストリアを相手に三つの軍隊が編成された。そのひとつがイタリア方面軍であり、オーストリアの勢力圏になっている北部・中部イタリアを占領することが、ナポレオンに求められていたのだった。

社会

不適切保育はなぜ起こるのか	普光院亜紀
なぜ難民を受け入れるのか	橋本直子
罪を犯した人々を支える	藤原正範
女性不況サバイバル	竹信三恵子
パリの音楽サロン	青柳いづみこ
持続可能な発展の話	宮永健太郎
皮革とブランド 変化するファッション倫理	西村祐子
動物がくれる力 教育、福祉、そして人生	大塚敦子
政治と宗教	島薗進編
超デジタル世界	西垣通
現代カタストロフ論	金子勝・児玉龍彦
「移民国家」としての日本	宮島喬
迫りくる核リスク〈核抑止〉を解体する	吉田文彦
記者がひもとく「少年」事件史	川名壮志
中国のデジタルイノベーション	小池政就
これからの住まい	川崎直宏
検察審査会	デイビッド・T・ジョンソン・平山真理・福来寛
ドキュメント〈アメリカ世〉の沖縄	宮城修
東京大空襲の戦後史	栗原俊雄
土地は誰のものか	五十嵐敬喜
民俗学入門	菊地暁
企業と経済を読み解く小説50	佐高信
視覚化する味覚	久野愛
ロボットと人間 人とは何か	石黒浩
ジョブ型雇用社会とは何か	濱口桂一郎
法医学者の使命「人の死を生かす」ために	吉田謙一
異文化コミュニケーション学	鳥飼玖美子
モダン語の世界へ	山室信一
時代を撃つノンフィクション100	佐高信
労働組合とは何か	木下武男
プライバシーという権利	宮下紘
地域衰退	宮﨑雅人
江戸問答	田中優子・松岡正剛
広島平和記念資料館は問いかける	志賀賢治
コロナ後の世界を生きる	村上陽一郎編
リスクの正体	神里達博
紫外線の社会史	金凡性
「勤労青年」の教養文化史	福間良明
5G 次世代移動通信規格の可能性	森川博之
客室乗務員の誕生	山口誠
「孤独な育児」のない社会へ	榊原智子
放送の自由	川端和治
社会保障再考〈地域〉で支える	菊池馨実
生きのびるマンション	山岡淳一郎
虐待死 なぜ起きるのか、どう防ぐか	川崎二三彦
平成時代◆	吉見俊哉

連戦連勝

ナポレオンが指揮する兵員約四万の大軍は、一七九六年四月、地中海の港町ニースに結集したあと、そこから海岸伝いにイタリアへ侵攻した。当時の北部イタリアには、サルデーニャ王国、ジェノヴァ共和国、パルマ公国、ヴェネツィア共和国などが分立し、中部にはローマ教皇領などがあった。そして、北部・中部ともに、旧ミラノ公国領（中心はロンバルディア地方）を継承していたオーストリアが強い影響力をふるっていた。

約一年半つづくこのイタリア戦役は、フランス軍の大勝に終わった。オーストリア軍やサルデーニャ王国軍をつぎつぎに破り、サルデーニャ王国に講和（一七九六年四月）を強いたのを皮切りに、教皇庁にも和約を受け入れさせ（トレンティーノ条約、一七九七年二月）、最後はオーストリアにも和約を余儀なくさせたのである（カンポ・フォルミオ講和条約、同年一〇月）。こうしてナポレオンは、フランスを一七九三年から悩ませつづけた（第一回）対仏大同盟を瓦壊させたのである。

兵員差で圧倒したわけではない。戦役の帰趨を決した「リヴォリの戦い」(一七九七年一月)などでは、むしろオーストリア軍のほうが兵員数では上まわっていた。だが、歩兵の機動性や兵力一点集中において、ナポレオンの指揮が秀でていたと、たいていの軍事史家は指摘する。

この戦役時の一七九六年一〇月、イタリア方面軍の一分遣隊がコルシカ島にも上陸し、そこを占拠した。戦役が始まる三年まえの一七九三年六月にナポレオンは島を去り、その後、島はイギリスによる事実上の支配下におかれ、パオリも退島を強いられてロンドンに住まざるをえなくなっていたのだが、ナポレオンの手により、ふたたびコルシカはフランスの領有するところとなったのである。ナポレオンにとって、意気揚々と故郷に凱旋する道が開かれた。

だがナポレオンは、島に渡ろうとさえしなかった。特別の感慨が胸中にわいただろうが、他人はおろか一族に、それをもらすこともなかった。この三年間で、大軍を率いるほどの将軍となったナポレオンは、辺境の島ではなく、大陸にこそ、自身の未来があると考えるようになっていたのだろう。

パルムの僧院

ナポレオンが、万単位の軍隊の指揮をとったのは、イタリア戦役が最初である。陣営内に上官がいないという初めての状況下で、すべての責任が彼の双肩にかかっていた。

占領という任務を与えられた一軍の将なら、たいていおこなうことがある。被占領者にむけての宣伝である。抵抗心をいかに奪うか、それが重要なのだ。イタリア戦役でナポレオンは、三年まえの一七九三年にフランス軍がベルギーやオランダなどに侵攻したときにおこなった宣伝を踏襲した。旧来の専政支配から民衆を解放する、という戦争・占領目的を掲げたのである。

「一七九六年五月一五日、ボナパルト将軍は、ロディ橋を突破したばかりの意気盛んな軍隊の、その先頭に立ってミラノに入った。カエサルとアレクサンドロスが何世紀もたってようやく後継者を得たことを、世界に知らしめた軍隊である。この数か月にわたってイタリアの地で展開された、奇跡のような勇気と才智は、眠れる民衆の目を覚まさせずにはおかなかった。

……民衆はひとりのこらず、この一七九六年五月一五日をもって、これまで自分たちが尊重してきたあらゆることがらが、じつにばかげた、いまいましいものでさえあることに気づいた。オーストリアの連隊がすべて撤退したことは、旧思想の没落を画した。……いままで人びとは、カール五世（ミラノ公国を領有した一六世紀前半の神聖ローマ皇帝）とフェリペ二世（ミラノ公国などイタリア各地を領有した一六世紀後半のスペイン王）以来の、手に入れたものを失いたくないという邪心の塊のような専政が続くなか、深い闇の奥に押しこめられていた。その像が倒され、とたんに人びとは、あふれる光につつまれた。」

ナポレオンを専政支配からの解放者として描くこの散文は、スタンダール『パルムの僧院』(一八三八年執筆)の、冒頭の一文である。「ロディ橋を突破した」とは、「ロディの戦い」として後年知られるもので、この五日後にフランス軍は、北部イタリアにおけるオーストリアの拠点都市ミラノを占領したのだった。

ロディの戦いのとき、スタンダールは、アルプスの西麓の町グルノーブルに住む、まだ一三歳の少年だった。しかし、法律家で厳格な父を幼少時から嫌い、その父が王党派だった反動もあったのだろう、一一歳の時に、年齢を多く偽ってまで山岳派の活動にくわわろうとした。早熟な、共和主義の革命少年である。おそらく、近国でおこなわれている戦役の推移に、関心を寄せていたのだろう。

『パルム(イタリア語でパルマ)の僧院』の本筋は、ロディの戦いの二年後に生まれたファブリス青年が、ナポレオンの失脚後、パルマ公国などを舞台のひとつにしてミステリアスな恋愛を繰りひろげる、というものである。冒頭の一文と本筋とでは、二〇年ほどの時間差があり、この一文がなくとも、十分になりたつ物語である。スタンダールは、北部イタリアを物語の舞台としたかぎりにおいて、イタリア戦役を専政からの解放だと頭のなかに刻んだ少年時の記憶を、どうしても後世に書き残したかったのだろう。

革命理念は宣布されたものの……

イタリア戦役を専政からの解放だと考えるのは革命少年のたんなる夢想、というわけではなかった。ナポレオンは、フランス軍が前年の一七九五年に現在のオランダの地に設けたバタヴィア共和国などの先例にならい、のべ九つの小共和国を北部イタリアに建て、それらに、革命フランスの一七九五年憲法(共和国三年憲法)にならった新憲法を付与したのである。

姉妹共和国と総称されるこれら共和国の代表的なものが、ミラノを首都として一七九七年六月に建てられたチザルピーナ共和国である。「(ローマから見て)アルプスのこちら側」という意味のこの国を編成するにあたり、ナポレオンはつぎのように宣言した。

「長年ものあいだ、イタリアには共和政がひとつとして実在してこなかった。自由の聖火は消し去られ、ヨーロッパのこの最良な地は、外国の軛のもとにつながれていた。チザルピーナ共和国こそが、その知恵と活力、そしてすばらしい編成の軍隊でもって、今日のイタリアはけっして退化などしておらず、自由を獲得するにふさわしい存在であることを、世界に知らしめなければならない。」(六月二九日)

実際、姉妹共和国では封建的特権が、フランスと同様に廃止された。また、総裁(フランスにならって各国五名)や大臣、官僚、二院制議員そして軍士官に、イタリア人が多数登用されたことも事実である。

しかし、チザルピーナ共和国のフランス公使館員が一七九八年に本国政府へ宛てて記したつぎの文章は、姉妹共和国は結局のところフランスの従属国にすぎなかったことを、よく物語っている。

「共和国には、二つの立法府がある。われわれの将軍たちの命令と、議員たちの法令である。共和国には、二つの行政府がある。フランス軍参謀本部と共和国総裁政府である。」(四月二五日)

賠償金と賦課金

フランス公使館員が言うところの「われわれの将軍たち」のトップは、もちろんナポレオンにほかならない。そして、自由を喧伝する一方で、「命令」を下してナポレオンが手に入れたものは、まずひとつが、総裁政府が望んだものとおなじ、フランスの国庫を潤すための賠償金と賦課金だった。

ラス・カーズの『セント・ヘレナ回想録』によれば、イタリア戦役中に五〇〇〇万フランを総裁政府に送った、とナポレオンは語っている(一八一五年九月一日から六日までの口述)。真偽が入り混じっている回想録だが、この金額が誇張されたものでないことは、歴史家たちの多くが認めている。

では、当時の五〇〇〇万フランは、現代の円に換算してどれくらいなのだろうか。概算でしかないが、一八〇三年に導入された新金貨(ジェルミナル・フラン)は、一フランにつき金三二二・五八ミリグラムの価値をもつものと定められたので、それを二〇一七年の平均金価格で換算すると、五〇〇〇万フランは約八〇〇億円となる。推定の域を越えないが、ナポレオンは相当な金額をフランスの国庫にもたらしたのである。

もうひとつ、ナポレオンがイタリアに命じたものはなにか? それは、「戦争は戦争によってまかなわなければならない」というナポレオンの言葉が如実に教えてくれる。一七九五年七月にナポレオンが作成したオーストリア・サルデーニャ作戦案のなかに見られる言葉である。そして、実際のイタリア戦役でも忠実に実行された言葉だ。ナポレオンは、フランス軍兵士にむけて、つぎのように布告している。

「諸君が征服した国々に課した占領税によって、あらゆる戦闘において、すべての軍隊に糧

食が補給され、装備が維持され、給与が支給されてきた。」(一七九七年三月一〇日)

スタンダールは『パルムの僧院』のなかで、賠償金と賦課金に触れ、つぎのように書いている。

「この日(ナポレオンがミラノに入って三日後の一七九六年五月一八日)、六〇〇〇万の戦争賠償金の告示が出た。これはフランス軍の欠乏をおぎなうためのもので、六つの戦勝を得、二〇の地方を征服してきた軍隊は、靴、ズボン、上衣、帽子にも事欠いていたのだ。こんなに貧しいフランス軍とともに、ロンバルディアにどっと流れこんできた幸福と歓喜は、とてつもなく大きなものだった。六〇〇〇万の賠償金や、それにつづいた各種の要求を重荷と感じたのは、僧侶たちと二、三の貴族だけだった。」

庶民は賠償金や賦課金に痛みを感じなかったかのような書き方だが、これは、小説家の想像力というものだろう。

実際には、フランス軍へのイタリア人民衆の反発は小さくなかった。それは、多くの歴史家の認めるところである。賠償金・賦課金のほかにフランス兵による徴発もあり、各地で民衆反乱が絶えなかった。

美術品の収奪

ナポレオンは、賠償金や賦課金にくわえて、絵画や彫刻などの美術品もイタリアから収奪し、それをパリへ送った。歴史家の服部春彦が教えるところによれば、その数は絵画だけでも二二七点にのぼっている。古代ローマ時代を中心とする大理石彫刻も、総数は不明だが八〇点以上送られたようである。

人類史において、占領地から美術品を収奪するという行為は、フランス革命期に始まったことでもなく、ましてや、このイタリア戦役に起源があるわけではない。一九七〇年にユネスコ総会で、「外国軍隊による一国の占領から直接的または間接的に発生する強制的な文化財の搬出と所有権の譲渡は不法とみなす」と規定する文化財不法輸出入等禁止条約が採択されるまで、人類は戦争のたびに、条約や協定などを通じて美術品が国境を越えるのを見てきた。

しかし、フランス革命期の外国文化財収奪には、他に類例をみない特徴がある。「自由」という美辞の下に、それがおこなわれたのである。

「天才の産物は自由の共同遺産である。……これらの傑作はあまりにも長い間、隷属のまなざしによって汚されてきた。名高い人々の遺産がとどまらなければならないのは、自由な諸国民の胸の中である。奴隷の涙は彼らの栄光にふさわしくない。」(服部訳)

これは、ベルギーで収奪したルーベンスらの名画をパリへ移送した軍人画家のバルビエが、一七九四年九月二〇日に国民公会でおこなった報告の一部である。フランス革命期の、最初の外国文化財収奪だった。国民に隷従を強いる専政を革命で倒し自由の国となったフランスにこそ、優れた美術品を所有・展示する権利と義務がある、という論法である。

そしてベルギーにくわえて、収奪の目がむけられていた地が、古代以来の美術品の宝庫であるイタリアだった。バルビエ報告に先だつ三週間前、国民公会議員グレゴワールが、同じ壇上で、つぎのように語っている。

「勝ち誇った軍隊がイタリアに侵入すれば、ベルヴェデーレのアポロン像とファルネーゼのヘラクレス像の略奪は最も輝かしい征服となるであろう。ローマを飾ったのはギリシャである。だが、ギリシャの諸共和国の傑作は奴隷の国(ローマ)を飾らなければならないのであろうか。フランス共和国はそれらの傑作の最後の住処とならなければならないであろう。」(服部訳)

「ベルヴェデーレ(イタリア語でベルヴェデール)のアポロン」とは、古代ギリシャ期のブロンズを原像として、ローマ皇帝ハドリアヌス期に大理石で模刻されたものである。一五世紀末にイタリアで発見されたのち、ヴァティカン市国内の、教皇が住むベルヴェデール(見晴台)宮殿に収められた。一八世紀当時、理想的男性美を表しているとして、最高級の評判をとっていた美術品である。

「ファルネーゼのヘラクレス」は、一六世紀の枢機卿アレッサンドロ・ファルネーゼが蒐集したもので、これも、古代ローマ時代の模刻大理石像である。グレゴワールが国民公会でこの像に言及したときは、ナポリ王室の所有下にあった。

グレゴワール報告から二年後、イタリア戦役中の一七九六年五月、総裁政府はナポレオンにたいして、つぎのような指令を出した。

図 3-1 アンドレア・アッピアーニ作『ルーヴル美術館でアテナ像の前に立つナポレオン』1814 年頃，東京富士美術館蔵．後景に「ベルヴェデーレのアポロン」が描かれている．©東京富士美術館イメージアーカイブ/DNPartcom

「イタリアはその富と名声の大部分を美術に負っている。だが、自由の王国を確固たるものにし美しく飾るために、美術の王国がフランスへ移るべき時がきたのである。国家美術館はあらゆる芸術の最も有名な記念物を収蔵せねばならず、貴殿はイタリア方面軍の現在までの征服から、また今後に予定されている征服から期待される記念物によって、国家美術館を豊かにすることを忘れないでいただきたい。」（服部訳）

国家美術館とは、ルーヴル宮殿のことである。一七九二年に王政が廃止されて宮殿は国有財産となり、このときから、美術館・博物館としてのルーヴルの歴史が始まっていたのである。

そしてナポレオンは、この総裁政府指令を忠実に履行した。トレンティーノ条約でローマ教皇庁は、主要な大理石彫刻群をフランスへ譲渡し、もちろんそのなかに「ベルヴェデーレのアポロン」が含まれていた。ただし、ナポレオンはナポリ王国には軍を進めなかったので、「ファルネーゼのヘラクレス」をフランスが得ることはなかった。

陰には名プロデューサーあり

収奪すべき美術品の選定には、鑑識眼のある専門委員たちがあたった。そしてナポレオンは、その選定に介入することがまったくなかった。専門家にその能力を発揮させるには自由に仕事をさせることが肝要で、この点でナポレオンは、優れた人材管理能力を身につけていたと言えなくもないだろう。

だが、ナポレオンはもともと美術品に関心が薄かった、とも考えられる。前述したように、幼年兵学校時代の学友ブーリエンヌが回想録のなかで、ナポレオンは美術の勉学に熱心でなかったと語っている。実際、優れた芸術作品があふれていたイタリア諸都市の聖堂や宮殿を、戦役中のナポレオンが、鑑賞のために訪れるということはなかった。

陣中にあってナポレオンは、妻ジョゼフィーヌに宛てて大量の手紙を書くが、そのどれにも、具体的な作品名をあげて美術の見識を披瀝することがない。

そのジョゼフィーヌは、一七九六年六月にイタリアへおもむいた。当時、高級将校が妻を戦地に同行させるのは珍しいことではなかったが、戦闘に巻きこまれる危険性はある。ジョゼフィーヌはパリに留まることを願っていたのだが、ナポレオンが強請したのである。

戦役中のナポレオンとジョゼフィーヌの夫婦関係については、伝記作家たちによる大量の本がある。作家の創作意欲をおおいに刺激する関係なのだ。

新婚まもない青年将軍が年上の妻を恋い慕い、毎日のように熱烈な恋文を書くが、妻の方は、いたってつれなく、返書さえめったに送らない。妻はパリで美男の士官を愛人にし、社交界で遊び暮らしているのだ。戦地に行かなくてもよいように、夫に手紙で、妊娠したと嘘をつく始末。夫はその知らせで有頂天になりはするものの、妻の浮気を疑い、おれの子どもなのだろうかと疑心暗鬼にかられる。妻の元愛人(バラス)が、青年将軍が夫婦問題に心を奪われるあまり戦争指揮がおろそかになることを恐れ、妻を説得して夫のもとに行かせる。そして妻は、愛人を同行させ、イタリアでは夫が留守のあいだ、……。

こうした伝記本はおおむね、ジョゼフィーヌの浮気性を強調する。それは確かに事実なのだろうが、ナポレオンを政界の大物たちにさらに売り込もうとしてジョゼフィーヌがおこなった仕事については、あまり言及されてこなかった。その仕事は、軍人ナポレオンには思いつきにくく、貴族社会で生きてきたジョゼフィーヌならではのものだった。ナポレオンを英雄に仕立てる絵画を、プロデュースしたのである。

その絵は、アントワーヌ＝ジャン・グロ作『アルコレ橋のボナパルト将軍』。一七九六年一一月一五日から一七日にかけてヴェネツィア共和国内のアルコレ沼沢地でおこなわれた戦闘を描いたものである。初日の突撃のさいにナポレオンみずからが軍旗を握りしめ、兵士を鼓舞しながら先頭に立って橋を渡ろうとする様子が描かれている。青年将軍の勇気を称揚する絵である。

ジョゼフィーヌは、ジェノヴァ市で本の挿絵などを描いて生計を立てていたパリ生まれのグロを、一七九六年六月、ジェノヴァ駐在フランス公使から紹介された。その技量に気づいたジョゼフィーヌは、グロをともないミラノに行き、ナポレオンに引きあわせた。肖像画を描かせるためである。

ナポレオンは、グロを中尉として軍隊に雇い、戦場に同行させた。その後、グロはすぐには肖像画の制作には取り組まず、画題を模索しながら従軍する。そして一一月、アルコレの戦闘を実見したグロは、画題をこれに定めたのだった。

グロは一一月二九日から、ミラノで制作に取りかかった。だがナポレオンは、画家の前で静かにポーズを取りつづけることを嫌ったらしい。三〇日に、デッサンするわずかな時間がグロに与えられたが、すぐに動こうとする夫をなだめるのにジョゼフィーヌは苦労し、とうとう膝のうえにのせたと伝えられている。

膝を本当に貸したのかどうか、真偽は判断できないが、「将軍はわずかな時間しか与えてくれないものですから、表情の特徴を描き留めるだけにし、なんとか肖像画に仕立てるつもりです」という文面の、グロが母親に宛てた手紙が伝わっている。

『アルコレ橋のボナパルト将軍』の制作をめぐるこれらの逸話からは、肖像画の制作に熱心なジョゼフィーヌと、さほどでもないナポレオンという構図が、なんとなく浮かびあがってくる。

ともあれ、ジョゼフィーヌは、一七九七年に完成した『アルコレ橋のボナパルト将軍』を、パリ市内の私邸に飾った。現在はヴェルサイユ宮殿の壁にかけられて観覧者の注目を集めるこの絵は、二百数十年前のむかし、ナポレオン夫妻のもとを訪れる政界の要人たちに、ナポレオンが勇敢な指導者であることを印象づけていたのだろう。

現実のアルコレ

グロのこの絵は、どれほど現実を映したものなのだろうか。

ナポレオンは、オーストリア軍の撤退路を遮断するために、アルコレ村に通じる橋をおさえようとしたが、初日の突撃では敗退し、迂回作戦をとって、ようやく三日目に橋を確保することができた。だが、すでにオーストリア軍本隊は撤退したあとだった。ようするに、勝敗を判定しにくい戦闘だった。

ナポレオンは、一七九六年一一月一九日付で、総裁政府に宛てて報告書を出しており、そこには、つぎのように書かれている。

「オージュロー（少将）が軍旗を手にとり、橋の手前まで進んだうえで、部隊にむかって「臆病者め、死を恐れるな」と叫び、数分そこに踏みとどまってくれました。しかし、目に見えて戦況が変わることはありませんでした。橋を突破するか、あるいは十数キロメートル迂回するかしなければ、作戦は失敗に帰すことになったでしょう。わたしも軍旗を持ち、兵士たちに、ロディの戦いの時のようにもういちど勝者になろうではないか、と訴えました。これで部隊は勢いを得ましたので、わたしはふたたび正面突破を決断しました。ランヌ将軍は二箇所に銃弾を受けて引き返し、さらに三発目をくらい重傷を負いました。ヴィニョル将軍も同様に負傷しました。村を正面から奪うことは、あきらめねばなりませんでした。」

この文書資料から判断すれば、たしかにナポレオンは軍旗を手にして兵士を鼓舞したが、それは二番手であり、しかも、先頭に立って橋を渡ろうとしたわけではなさそうである。グロは、絵空事を捏造したわけではない。ナポレオンが先頭に立って橋を渡ろうとしているかのように、絵の鑑賞者がそう誤解するよう、巧妙に描いたのである。

そしてジョゼフィーヌは、そんな絵をたいそう気に入ったようだ。一七九七年に、ジョゼフィーヌは同じ構図の絵を、もう二枚、グロに注文している。前夫とのあいだにもうけた息子ウジェーヌと娘オルタンスに与えるためである。義父となった青年将軍の、二つめと三つめの勇姿は、現在、ロシアのエルミタージュ美術館と、スイスのアレネンベルク城ナポレオン博物館で、観客を見下ろしている。

紙の弾丸

ナポレオンは、絵画による自己宣伝には疎かったとしても、宣伝そのものに無関心だったわけではない。ナポレオンは、イタリア戦役時に三種類の新聞・評論誌をパリとミラノで発行させ、局地的には避けられない敗北は語らず、『アルコレ橋のボナパルト将軍』のように、捏造ではないが戦勝を誇張したのだった。そして、賠償金や賦課金、文化財接収の状況も伝えた。

最初は新聞『ボナパルトと廉潔の士』で、一七九七年二月一九日にパリで創刊され、兄のジョゼフと弟のルシアンが編集にあたっていた。

ついで、イタリア方面軍の公式軍報という位置づけで『イタリア方面軍通信』が、同年七月二〇日から、ほぼ二日ごとにミラノで発行された。

そして、評論誌『イタリア方面軍からのフランス展望』が、同じくミラノで、同年八月から、ほぼ五日ごとに発行された。『イタリア方面軍通信』と『イタリア方面軍からのフランス展望』は、フランス本国に大量に持ちこまれもした。

こうした新聞・雑誌の発行費用は、イタリア戦役で得た賠償金と賦課金からナポレオンが流用したと考えられている。そして、建前は定期購読制だったが、イタリア方面軍兵士には無料で配布され、フランス本国でも、ほとんどが無料で配られたらしい。

この新聞・雑誌を通じて一七九七年以降、フランス国内でナポレオンの知名度と人気が急上昇したと、歴史家は考えてきた。知名度と人気度を測定する方法はないのだが、あながち的外れな解釈ではないだろう。

一八世紀は識字率が低かった（婚姻届に自分で署名できた者は、男性で約五割、女性で約三割）とい

Primidi 1er Ventose, an V. (N° 1.) Dimanche 19 Février 1797

JOURNAL
DE BONAPARTE ET DES HOMMES VERTUEUX.

Annibal dormit à Capoue :
Bonaparte ne dort pas dans Mantoue.

NOUVELLES ETRANGÈRES.

ITALIE.

Du 20 Pluviôse.

Position de l'armée d'Italie. — Joubert et Massena marchent sur Bolsano, au delà de Trente, place la plus riche du Tyrol.

Augereau est à Trévise, marchant sur Trieste. Bonaparte est prêt à passer le Rubicon, il est dans ce moment à Ravenne.

ALLEMAGNE.

De Vienne, le 25 janvier, (6 pluviose).

RÉPUBLIQUE FRANÇAISE.

DIRECTOIRE EXÉCUTIF.

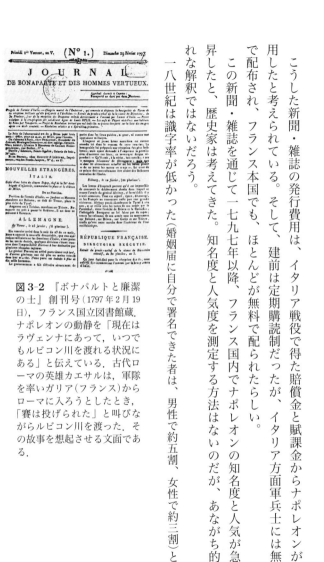

図 3-2 『ボナパルトと廉潔の士』創刊号（1797年2月19日），フランス国立図書館蔵．ナポレオンの動静を「現在はラヴェンナにあって，いつでもルビコン川を渡れる状況にある」と伝えている．古代ローマの英雄カエサルは，軍隊を率いガリア（フランス）からローマに入ろうとしたとき，「賽は投げられた」と叫びながらルビコン川を渡った．その故事を想起させる文面である．

う問題はあるが、字の読める者が読めない者たちに読み聞かせる、というのが当時の習慣であり、そもそも多種類の新聞やパンフレットがフランス革命中に出まわり、それが革命を動かしたのだ、と歴史家は解釈してきた。

ともあれ、ジョゼフィーヌが、伝統貴族らしく芸術作品で政界指導者の心をとらえようとしたのに対し、ナポレオンは、幼年以来のまじめな勉強家らしく、文字でもって、兵士や一般民衆の心を射貫こうとしたのだろう。

政権を遠望して

ナポレオンにとってイタリア戦役は、人生をおおきく画す出来事のひとつだった。上官の下で働く有能な士官から、人の上に立って広大な地域を治める軍人首長へと、この戦役でもってナポレオンは変容をとげたのである。

ラス・カーズの『セント・ヘレナ回想録』によれば、ナポレオンはセント・ヘレナ行きの船中で、二十数年前のイタリア戦役を思いおこし、つぎのように語っている（一八一五年九月一日から六日までの口述）。

「わが国の政治舞台でさまざまなことを決する役割を果たす、そのような力が自分にあるのではないかと考えるようになったのは、ロディ以降のことである。そのとき、高邁な野心の、最初の閃光が頭のなかで輝いた。」

ロディの戦いに勝利し、旧公国の首都であるミラノを占領したことは、ナポレオンにとって、きわめて重い意味をもっていた。一国の首都を占領した、最初の経験である。しかもその後、姉妹共和国を建て、実質的な統治者にもなった。そこでの統治の経験が、ナポレオンに、より大きな国を統治できる力を自覚させたのだろう。

イタリア戦役中にナポレオンは、さまざまな書類への署名を、ナポレオーネ・ブオナパルテというイタリア語風表記から、フランス語風のナポレオン・ボナパルトへと変えた。こうした変更も、より大きな国の統治者たらんという意欲の表れなのかもしれない。

では、フランスという大国を統治する地位に、どのようにしてたどりつくのか。これが大問題だった。

第4章
イスラーム との遭遇

ルイ・ド・ロウ・ド・ボワシー『カイロのボナパルト』1799年の扉絵.

この本は，エジプト遠征のさなか，ナポレオンがフランスに不在だった時期に刊行された.

ナポレオンの左手が「スエズ地峡」を指さし，エジプト遠征の戦略目標を示している．それは，イギリスのインド交易を妨害するために，スエズ地峡から紅海にかけての一帯を支配することだった.

実際，ナポレオンは遠征中の1798年12月末に，技術者たちとともにスエズ地峡を訪れる．紀元前の古代運河(ナイル川デルタ地帯の東端支流からスエズ湾まで)の遺構を発見・調査し，地中海と紅海を水路で結ぶ可能性を探るためだった.

遺構は発見できた．だが，地中海の水位は紅海およびスエズ湾のそれより約9メートルも低いとする調査報告書を読み，ナポレオンは運河建設を断念する．こうして，スエズ湾と紅海にフランス海軍基地を建設する，という企図も実現されずにおわった.

それから約半世紀後．両海の実際の水位差は1メートル以下であることが判明し，フランス人レセップスの主導下でスエズ運河の建設が始まる.

凱　旋

ナポレオンは、一七九七年一〇月一八日にオーストリアと和約(カンポ・フォルミオ講和条約)を結んでイタリア北部にフランスの勢力圏を確立したあと、一二月五日、パリに戻った。

それは、まさしく凱旋将軍の帰還だった。五日後の一二月一〇日のこと、市内中心部にあって総裁五名の官邸であるリュクサンブール宮殿の、その広大な前庭で、イタリア方面軍とその司令官ナポレオンを讃える総裁政府主催祝典が開かれたのである。そして、政府高官、両院議員、高級軍人といった要人たちが居ならぶなか、ナポレオンが登壇し、つぎのように演説した。

「フランス人民は、自由を獲得するために、国王たちを相手に闘わなければならなかった。理性に基礎をおく憲法を獲得するために、一八個の世紀をかけて、偏見に打ち勝たねばならなかった。そして、共和国三年憲法(一七九五年憲法)と諸兄によって、こうした障害がすべて克服された。……カンポ・フォルミオにおいて署名され、(オーストリア)皇帝陛下によって批准された条約書を諸兄にお渡しするのは、わたしにとって光栄の極みである。最良の国家行政組織法がさらに整えられ、フランス人民の幸福が実現されるとき、全ヨーロッパも自由となるであろう。」

この式典に先だつ一〇月二六日、総裁政府はイギリス方面軍を初めて編成し、その総司令官に、まだイタリアにいたナポレオンを任命した。つまりこの演説は、あらたな任務を与えられていた軍人によるものである。

しかし、戦地に赴こうとしている軍人の演説というよりは、政界を支配しようと欲している、そんな野心的政治家の弁舌のように聞こえる。「最良の国家行政組織法がさらに整えられ、……」という一文でこの演説を終えたとき、ナポレオンは、ルソーが『社会契約論』のなかで措定した「立法者」に、みずからがなろうと決意していたのかもしれない。

ともあれ、翌一七九八年二月、ナポレオンは、総裁政府の提案にしたがいイギリス本島上陸作戦を敢行するための事前準備として、英仏海峡沿岸の視察へむかった。

それぞれの思惑――一八〇度の方向転換

「諸君らはイギリス方面軍の一翼をなしている。山岳戦と平地戦、そして都市攻囲戦をかいくぐってきた諸君らに唯一残されている戦い、それは海戦である。われらがフランス共和国は建国の日からして、「自由の守護神」が指し示す道を、強力なリーダーとしてヨーロッパの先頭に立って歩んできた。そしていま共和国は、四海においても、はるか彼方の地においても、その同じ責務を果たすよう「自由の守護神」から期待されている。」

これは、英仏海峡巡検から三か月後、一七九八年五月一〇日にナポレオンが発した布告である。

しかし、英仏海峡の港ではなく、地中海に臨む、ナポレオンと因縁浅からぬトゥーロンで出されたものである。五年前のトゥーロン攻囲戦においてイギリス艦隊を港から撤退させた縁起かつぎで、この港がイギリス上陸作戦の出発点に選ばれた、というわけではない。ナポレオン率いるこの「イギリス方面軍の一翼」は、じつのところ、地中海の対岸、エジプトへむかおうとしていたのである。

英仏海峡沿岸の視察を終えたナポレオンは、制海権をイギリスから奪えない現状ではイギリス上陸作戦は無謀だと総裁政府に訴え、遠征の目的地をエジプトに変えさせたのだった。

インド交易を妨害することで、イギリスの経済力を弱体化させることがもくろまれていた。エジプト経由のインド交易からイギリスを締め出すことにくわえて、喜望峰まわりで紅海出入り口の沖合を通過するイギリスのインド交易船を拿捕するために、スエズ湾と紅海沿岸にフランス海軍基地の建設が企図されたのである。

フランス国家としてのこうした対イギリス戦略目標にくわえて、ナポレオン自身の野心があった。ナポレオンは政権奪取を構想していたが、一七九八年段階では国民の支持が十分でないと判断し、戦勝と統治の実績をさらに積み重ねることで支持を広げようと図り、エジプト遠征を総裁政府に提案したと、歴史研究者たちは推測してきた。

ナポレオン自身がこういう野心を公言したわけではない。ナポレオンの兄ジョゼフ(一七九八年当時は元老会議員)が、死後の一八五三年に刊行されることになる回想録のなかでつぎのように語っており、これが有力な根拠とされてきた。

「ボナパルト将軍の胸の内を推し測るのは、わたしには簡単だった。彼はこんなふうに考えていたのだ。「……国民が今なにを望んでいるのか、わたしには判断がつきかねるが、それがよく分かるようになる日がいつか来るだろう。その時までは、国民の意思と願望について考えつづけるだけにし、なにか奪うために行動にでる、というようなことは差しひかえよう。オリエントでは最悪でも栄光を手にできるだろうから、その栄光がわが国に有用となりうるその時がきたなら、それを携えて帰国しよう」。」

ナポレオン本人というよりも、ジョゼフがそう望んでいたのかもしれない。

ともあれ、こうしたボナパルト兄弟の野心にたいして、政権を奪われかねない側の打算もあったと考えられている。エジプト遠征に賛成したバラスら総裁は、最高権力者になりうる実力を身につけつつあるナポレオンを恐れ、遠方の地に彼を追いやったのだ、という解釈である。ナポレオンを乗せる旗艦がイギリス海軍に拿捕されることさえ期待されていたという。旗艦の拿捕だけですめば、遠征軍全体は損傷しない。バラスが回想録(死後の一八九五年刊)でつぎのように語っていることが、この種の打算があった証左だと考えられてきた。

「わが国の軍事力はすべて国内に留めておくべきだったのかもしれない。イギリスを対岸に臨む地域がとくに重要だった。しかし、ボナパルトの存在はまちがいなく総裁政府にとって重荷になっており、彼には遠くへ行ってもらう必要があった。……やっとボナパルトがパリから出て行ってくれた。トゥーロンに到着したら、そこから出航してくれるだろう。」

船上布告

ナポレオンは、トゥーロンにジョゼフィーヌをともなっていた。そして夫妻のかたわらには、まだ一六歳の少年士官がいた。ジョゼフィーヌの連れ子ウジェーヌである。ナポレオンは、自身の副官としてウジェーヌをそばにおく腹だった。

ジョゼフィーヌは、ナポレオンからエジプトへの同行を懇願されたが、頑として首をたてに振らなかった。乗船する息子を心配げに見まもりはしたが、夫にたいしては、さほどのそぶりを見せなかったと、伝記本のいくつかは語っている。そして、ふたりが乗った旗艦オリオン(オリエント)号が出港するや、ジョゼフィーヌは、フランス北東部の温泉リゾート地プロンビエール=レ=バンへむかったという。社交シーズンたけなわであると同時に、子宝の湯として有名な湯治場でもあった。

ともあれ、フランス艦隊がトゥーロンから出航を開始したのは五月一九日早朝七時。艦船がすべて港を出るのに、丸一日かかるほどの大軍だった。四〇〇以上の船に、上陸部隊だけで約三万七〇〇〇の将兵、そして、軍隊を側面支援するために、一六七名の学者・技術者・芸術家が分乗していた。これほどの規模のヨーロッパ勢が近東イスラームの地に渡るのは、じつに十字軍以来、五〇〇年ぶりのことだった。

ナポレオンは、エジプトへの上陸予定日が近づいた六月二八日に、遠征軍全将兵にむけて、つぎのような船上布告を発した。

「兵士諸君に告ぐ。諸君は、世界の文明と通商に計り知れない影響を及ぼすことになるだろう征服事業を、今これからおこなおうとしている。……

ナイル流域の憐れな住民は、ながらく暴政のもとにあるが、われわれの到着後数日にして、暴政者たちは地上から姿を消すことになるだろう。

われわれが今から共に暮らそうとしている諸々の民族は、マホメット教徒である。「神のほかに神はなく、マホメットはその預言者である」というのが、かれらの信仰の金科玉条である。そのことで、かれらに反論してはならない。諸君は、ユダヤ人やイタリア人にたいしてとったのと同じ姿勢を、かれらにたいしても堅持しなければならない。ユダヤのラビやカトリックの司教に敬意を示したと同様に、ムフティー(法学者)やイマーム(集団礼拝導師)に敬意を示さなければならない。修道院やシナゴーグにたいして、そしてモーセの宗教やイエス＝キリストの宗教にたいして示した寛容を、クルアーンに基づく儀式やモスクにたいしても示さなければならない。」

この船上布告と、一か月前にトゥーロンで出された布告は、革命期のかずかずの対外戦争においてフランス軍が唱えた「自由」「専政打倒」という戦争・占領目的を、またしても掲げたわけである。

だが、それだけではなかった。船上布告では、エジプトにおいてとるべきイスラーム政策の精神が語られた。それは、人権宣言(一七八九年)で表明されたフランス革命理念に基づき信教の自由をただたんに認めるだけでなく、イスラームに敬意を払うよう求めるものだった、と言えるだろう。

近代ヨーロッパ世界とイスラーム世界との濃密な関係は、このエジプト遠征から始まる。一九世紀以降はヨーロッパ諸国による中近東・北アフリカの植民地支配、そして二〇世紀以降は同地域からの移民・難民のヨーロッパへの流入。両世界交接の、こうした奔流のその起点において、なにがおきたのだろうか。それは、以後の流れと通底するものだったのかもしれない。

マムルークとの衝突

一八世紀当時のエジプトは、名目上はオスマン帝国内の一州だった。だが、帝国宮廷からの威令は届かず、マムルークとよばれる軍人集団によって実質的には支配されていた。エジプトは二四の小州に分けられ、各州ごとに、平均約五〇〇名のマムルークを擁するベイ(州長官)が、帝国宮廷への貢納義務を果たさず事実上の諸侯として君臨していたのである。

ベイたちは、オスマン帝国各地の奴隷市場で頑健な男児を買いとり、それに軍事訓練を施しマムルーク(アラビア語で「買われた男」の意)とした。そしてこのマムルークのなかから次代のベイが台頭するという仕組みが、一六世紀初め以来くり返されてきたのだった。一八世紀末当時は、二四名のベイのうち、ムラードとイブラーヒームが最有力で、エジプトは、かれらによる両頭支配下にあった。

当時の住民総数は、およそ四五〇万。内訳は、官吏と富裕不動産所有者としてトルコ人が約二〇万。キリスト教徒で、古代エジプト人の末裔と見なされているコプト人が、都市部を中心におなじく約二〇万。港湾都市部にギリシャ正教徒が数千人。コプト人とギリシャ正教徒は、おもに商業に従事し、経済的には中上流の暮らしをおくっていた。さらに、荒地でおもに放牧で暮らしている、ベドウィンとよばれる非定住アラブ人が一二万ほどいた。残りが、つまり住民の大多数が、定住アラブ人で、これが、経済的には社会の中下層をなしていた。

六月二九日、フランス艦隊は、アレクサンドリア東方一二キロメートルに位置するアブキール海岸の沖合に姿を現す。七月一日早暁、上陸開始。時をおかずアレクサンドリアへむけて進軍が開始された。

フランス軍は、一昼夜にわたる戦闘ののち、アレクサンドリアを占領するにいたる。そして占領直後の二日、ナポレオンは住民にむけて、つぎのような布告を出した。

「悪逆非道なマムルークたちは、地球上でもっとも美しいこの地で、あまりにもの長きにわたり専政をふるってきた。しかしながら、万物を統べたまう神が、いまや、かれらの帝国の終

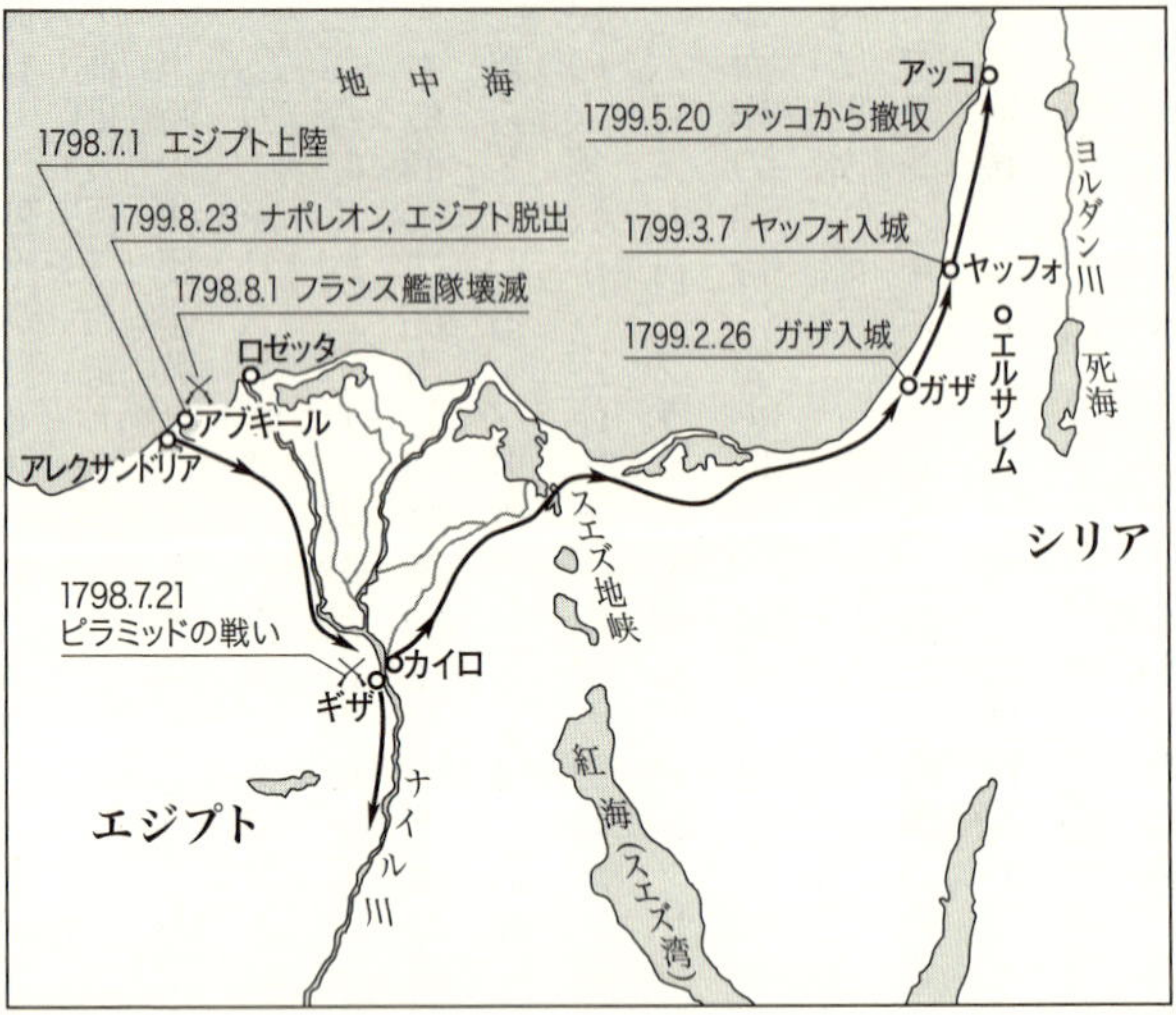

図 4-1　エジプト・シリア戦役関連図

焉をお命じになられたのである。

エジプトの民に告ぐ。わたしがこの地にやって来たのは、あなたたちの宗教を破壊するためにほかならない、と言いふらす者が現れるやもしれない。しかし、その者たちの言を信ずることなかれ。その者たちにはこう答えよう。あなたたちの諸権利を旧に復するためにこそ、統治権を横領してきた者どもを罰するためにこそ、わたしはやって来たのだと。そしてわたしは、かれらマムルークたちよりもはるかに、神と大預言者とクルアーンを尊重する者であると。

……

われらと共に歩まんとする者に、大いなる至福あれ。その者たちは、富と地位の双方において盛運に恵まれるであろう。中立を持する者にも、至福あれ。その者たちは、時とともにわれらの真意を解し、やがてわれらの陣営に来たるであろう。

されど、マムルークに味方し武器をとりてわれらに敵する者には、大いなる禍いあれ。そのような者たちに前途はなく、滅び去るほかないであろう。……わが軍にたいして武器をとる村は、焼き払われるであろう。」

この布告のなかには、専政からの解放をもたらすという自負、そして、イスラームを尊重するという意思が表れている。と同時に、フランスによる統治を受け入れない者には厳罰を施すという強い決意も、このなかに読みとれる。

戦勝の誇張

七月二一日、カイロ西郊のナイル川左岸インバーバ村を主戦場に、ナポレオンみずから指揮するフランス軍本隊とマムルークとの会戦がおこなわれた。ギザの三大ピラミッドを遠望する地であったことから「ピラミッドの戦い」と呼ばれることになる会戦である。

ナポレオンは、七月二四日付で総裁政府に宛てて、つぎのように戦勝を報告している。

「わが軍の騎兵はわずか二〇〇。しかも、砂漠を横断したばかりで疲れきり、足を痛めている者多数。一方マムルークたちは、豪勢な騎馬軍団を擁しておりました。金銀の金具で覆われ、高性能の騎銃や短銃にくわえて、切れ味鋭いオリエント式サーベルで武装した軍団でありました。……

またたくまにマムルーク騎馬軍団が平原を覆いつくし、わが方の翼側全部隊を取り囲みました。ムラード・ベイは、もっとも勇ましいベイのひとりに精鋭騎馬隊をあずけ、われわれにむけて突撃させました。……

荷を積んだラクダ四〇〇頭以上と大砲五〇門を捕獲。マムルーク側の損失は、精鋭騎兵二〇〇〇名にのぼると思われます。ベイの大半も、負傷するか死亡。ムラード・ベイ自身も頬を負傷。わが方の損失は、死亡二、三十名、負傷一二〇名。」

たしかにフランス軍の勝利で終わった戦いだった。マムルークを束ねていた二人のベイのうち、イブラーヒームはデルタ地帯東部へ、ムラードはナイル川中流域へ、それぞれ撤退した。そして二三日未明に、フランス軍先鋒がカイロに入城する。

しかし、ナポレオンのこの戦勝報告には、誇張と言い落としがある。兵力に優るマムルークを少数のフランス軍が撃破した、という印象を与える報告だが、事実は逆だった。参謀長ベルチエが戦争相に宛てて記した報告書(七月二三日付)によると、参戦したマムルークの数は最大でも六〇〇〇名を超えなかったらしい。対するフランス側の兵員数は約二万五〇〇〇名だった。会戦におけるマムルークの戦死者数にも、操作があった。ナポレオン報告だと二〇〇〇名のマムルークが戦死したことになっているが、工兵大尉ベルトゥランの作成した報告書（七月二二日付）と比べると、重要な違いがある。ベルトゥランによると「敵側の損失は溺死一〇〇〇名、殺害された者六〇〇名」だった。

さらに、砂漠に残された死体は数えあげることが可能だが、逃げようとしてナイル川に飲みこまれ流された死体を、どうして正確に数えることができたのだろうか。それこそ、水増しされた可能性が高い。ともあれ、戦闘報告の原案はたいがい大尉クラスの者が書き、それに司令官が手を入れるのであり、ベルトゥラン報告の方がまだしも信がおける。

とどのつまりフランス軍にとってこの会戦は、相手側の兵力や戦死者数を考慮すると、そしてベイの両巨頭を取り逃がしたことからして、ナポレオン報告が自画自賛するほどの、劇的勝利ではなかった。

アリー・ボナパルト

八月、フランスのエジプト遠征軍は、その行く末におおきく影を落とす敗戦にみまわれた。

地中海でエジプト遠征軍の行方を追っていたイギリス艦隊が、一日夕刻、アブキール湾内に停泊中のフランス艦隊を発見・急襲し、これを壊滅させたのである。二日早暁まで続いたこの海戦を生きのびたフランス艦隊は、小艦船ばかり四隻だけという惨状だった。この結果、地中海に臨むエジプトの諸港はイギリス艦隊によって封鎖される。フランス本土からの部隊増援はもはや期待できず、エジプトからの帰還も困難となった。

しかし、イギリス軍には、上陸戦を仕掛けるほどの準備はなかった。陸ではその後も、フランス軍による支配が続く。

こうして、フランス軍がカイロを占領して約一か月後の八月二〇日、エジプトは預言者ムハンマドの降誕日をむかえることになる。フランス軍が駐屯する主要都市では、二二日までの三日間、地区司令官クラスの将軍と長老（シャイフ）たちが相互に邸を訪問し、それぞれ宴席を設けて降誕祭を祝った。

ナポレオンがロゼッタ地区司令官ムヌに送った書簡（八月二八日付）のなかのつぎの一節は、イスラームという紐帯（ちゅうたい）に潜りこむことによってムスリム住民にフランスの支配を受けいれさせようとする、そんな深謀をうかがわせてくれる。

「長老たちを招いてのそちらの正餐会にたいして、惜しみなく賛辞を送ります。こちらでも預言者降誕祭を盛大に祝いました。そのおかげでわたしは、ほとんど聖人ともいえる称号を贈られました。」

その称号は、アリー。第四代正統カリフ（在位六五六―六六一）を想起させる称号である。カイロ地区司令官ドミニック＝マルタン・デュピュイも、寛容な宗教政策でもってムスリム住民を懐柔しようとする企図を、彼なりの言葉で吐露している。ナポレオンより、はるかに直截簡明だった。

「わたしたちはここカイロで、気合いをいれてマホメット（ママ）祭を祝おうとしています。エジプト人をだまそうというわけです。かれらの宗教に執心しているふりをするわけです。そんな宗教のことなど、（ローマ教皇）ピウス（六世）の宗教とおなじように、ボナパルト将軍もわたしたちも全然信じていません。でもとにかく、この国はフランスにとって貴重なものになるはずです。ここの民衆は無知ですから、だまされていることに気づくまでにはかなりの時間が必要で、そのあいだに入植者はしっかり事業を展開できている、というわけです。」

これは、デュピュイが本土トゥールーズの一卸売商に宛てた手紙（八月一九日付）の一節である。

カイロ蜂起

しかし、ムハンマド降誕祭から二か月後、ムスリム民衆は「無知」ではなく、「だまされていることに気づくまで」に時間がかからなかったことが明らかになる。広範な一般民衆の参加する反仏武装蜂起が、一〇月二一日から二日間にわたってカイロで展開されたのである。工兵旅団長デトロワの日記によれば、朝六時に市内各所でムスリムが集合し始め、各モスクの尖塔(ミナレット)から、フランス軍へのジハード(義戦)が告げられたという。

やがて民衆が路上でフランス人将兵を襲いだし、さらに将校たちの邸も略奪した。鎮圧に出動したカイロ地区司令官デュピュイが戦死するなど、蜂起は峻烈だった。

蜂起を察知せず、ナイル川の中洲ローダ島内の兵器工廠の視察に早朝から赴いていたナポレオンは、昼前に蜂起を知らされカイロに戻る。その時点ですでにフランス軍は市内の要所を占領し、主要道路も掃討しおえていた。一方、蜂起した民衆はアズハル・モスクに結集し翌日の決戦に備えた。

翌二二日、フランス軍はアズハル・モスクにむけて砲撃を開始。激しい砲撃に抗しきれなくなった蜂起勢力は、夜八時、指導者グループが降伏を願いでた。ナポレオンもこれを受けいれ、武器を手放した者はすべて赦免するとの布告をだす。だが、蜂起勢力の一部がなおも抵抗を続けたため、フランス軍はモスクに突入した。すべてが鎮圧されるのは夜一〇時のことだった。

モスク内部が戦場になった約二時間のこの最終局面において、フランス人将兵のふるまいは、通常の戦闘行為からおおきく逸脱し、狼藉といってよいほどのものだったらしい。ウラマー（イスラーム諸学の知者）のひとりで、当時カイロに住まいしていたジャバルティーが、一八〇一年に記した『フランス人のエジプト駐屯史』のなかで、つぎのように書いている。

「この悪漢どもは、馬に乗ったままモスクに乗り込み、大扉から大扉へと通り抜けて行った。ついでかれらは、剣と銃をかざしながら、土足でモスク内に踏み込んだ。中庭にも、マクスーラ（要人用礼拝室）にも乱入し、ミフラーブ（マッカの方角を示す壁龕（へきがん））に馬を繫ぎさえした。学生の寄宿所も、浄めの水場も荒らされた。ランプとシャンデリアは粉微塵にされ、学生や寄宿生や文筆家用の書棚も壊された。モスクにあったすべてのものが手当たりしだいに略奪された。家具類から、大小さまざまな容器類、そして寄進財産にいたるまでだ。物置や戸棚のなかに隠されていた品物も奪われた。何巻もあるクルアーンや、その他の本も、がらくた同然に扱われ、地面に投げ捨てられたあげくに土足で踏みつけにされた。それだけではない。かれらはモスクを汚物まみれにもした。唾を吐き、放尿し、排便さえしたのである。中庭などで葡萄酒をがぶ飲みし、空き瓶を叩き割り破片をまき散らしもした。モスク内で見つけた人間を、手当たりしだいに裸にもした。」

蜂起鎮圧後、ムスリムにとって神聖な場所であるモスクを汚したフランス兵は処罰されなかった。一方、蜂起参加者への処罰は厳しかった。最後までフランス軍に抵抗したうえで捕虜になった者は全員、二三日夜に首をはねられ、死骸がナイル川に捨てられた。下流の住民への見せしめでもあるこの措置は、その日にナポレオンが命じたものである。さらに、ナポレオンが師団長レイニエに宛てた手紙(一〇月二七日付)には、つぎのような一文が書かれている。

「カイロでは毎晩、三〇個ほどの首を斬り落とさせている。もちろんそれ以外に指導者連中の首もたくさんさんだ。連中には、これがよい見せしめになると思う。」

同じ日付でナポレオンは総裁政府に宛てて報告書をしたためるが、それは詳細なものではなかった。占領への住民の反抗を、なるべく小さいものとして伝えたかったのだろう。ただし、そのような報告書であっても、反抗の大きさを隠しきれない。それによれば、蜂起でのフランス軍側の死者は五七名、一方、ムスリム側の死者は「二〇〇〇から三〇〇〇名」とされている。

離婚を決意

エジプト遠征軍と本土との連絡状況は、八月にアブキール湾内でフランス艦隊が壊滅させられて以降、ひどく悪化した。

　しかし、まったく音信不通というわけではなかった。遠征軍から総裁政府へ送られる報告書類は、非フランス籍商船に遠征軍の使者が乗りこみ、さまざまな海港を経由して届けられた。そして本土の新聞各紙に、そのままそっくり転載されるか、要旨が掲載されるかしたのである。こうしてフランス国民は、ナポレオンのペンを通してエジプト情勢を理解することになる。それは、赫々（かくかく）たる勝利が続き、占領も順調に推移している、というものだった。

　またナポレオンを筆頭に、高位の軍人たちは、同様の手段で私信を本土の友人や家族に送っていた。そして、逆方向もしかり。エジプトという遠方の地にあっても、ナポレオンは本土情勢を正確に把握していたと考えられている。

　そんな本土情勢のひとつに、ジョゼフィーヌの所行があった。ジョゼフィーヌは、美男で知られる若年の愛人士官をパリの自邸に引きいれ、さらに、パリの西郊に広大な庭園付き城館マルメゾンを、ナポレオンの給金をあてにして後払いで購入し、そこにも愛人を招いている。これが、兄ジョゼフからナポレオンに伝えられたジョゼフィーヌの暮らしぶりだった。こうして、エジプト遠征中にナポレオンは、ジョゼフィーヌとの離婚を決意することになる。多くの伝記本がページを割くエピソードである。

一方で、ナポレオンの身のまわりにも、イタリア戦役時には露見することがなかった女性の影が、あからさまに現れるようになった。一七九八年一二月以降、ポーリーヌというフランス人既婚女性を、ナポレオンは愛人として囲うのである。尉官以下の者には妻を戦場に同行する権利が認められていなかったが、ポーリーヌは男装し、騎兵少尉の夫とともにエジプトに渡っていたのだった。

ナポレオンは、ポーリーヌの夫を本土への使者に任じて遠くに追いやったあと、彼女を愛人にした。宴会や、カイロ市内にフランス将兵のための娯楽施設として設けられたティヴォリ公園での、寄りそうようなふたりの姿が、遠征軍将兵の回想録類にいくつか書かれている。

シリア戦役の開始

一七九九年に入ると、フランスの占領体制を脅かす事態が差し迫るようになる。一月五日、イギリスとオスマン帝国が反仏同盟を結んだのである。オーストリアとロシア帝国、両シチリア王国もくわえて三月に全面発動されることになる第二回対仏大同盟の、その鎖の輪がひとつ結ばれたのだ。

オスマン帝国は、イギリスとの同盟締結後、海路と陸路によるエジプト同時進攻計画の立案を進める。海路は、約五万の軍勢でもってアブキール海岸への上陸をめざすという作戦。この作戦では、イギリス艦隊がオスマン帝国軍将兵の輸送を一部担うことになる。陸路は、約四万の兵力を海岸伝いに南下させてエジプトに進攻するという作戦だった。

一月二四日、ナポレオンは機先を制すべく、約一万三〇〇〇の兵力をみずから率いてシリア地方への進攻を開始した。

フランス軍は緒戦において勝利を重ねる。ガザの町の前面で二月二五日におこなわれた戦闘に勝利したフランス軍は、翌二六日、なんなくガザに入城する。町の残存守備隊は抵抗をあきらめ、降伏要求にすみやかに応じたのだった。

降伏した者たちは、今後はフランス軍に敵対しないと誓約し、解放された。ナポレオンは捕虜を抱えこみたくなかったのである。捕虜をとれば、その警備に軍兵を割かなければならない。糧食も与えなければならない。兵員数で劣るフランス軍にとっては、これは死活問題だった。

ヤッフォの惨劇

順調な緒戦だったが、さらに北上しシリア地方心臓部へ進攻するにつれて、当然のことにオスマン帝国軍の抵抗は頑強になっていった。抵抗の増大に比例してフランス軍の攻撃も苛烈となる。戦争につきものの惨劇がここシリアでもおきる下地が整ったのだ。パレスチナ中部の港町ヤッフォ（ヤッファとも。現在はテル・アビブ都市圏内）がそのもっともおぞましい舞台となった。顛末はこうだ。三月三日にヤッフォを包囲したフランス軍は、降伏勧告の軍使を城塞内に送る。しかし軍使は殺害され、その首が城壁上に晒された。守備側の強い抵抗の意志を前にして、フランス軍は城壁への砲撃を開始する。翌日早暁、城壁に突破口が開かれ、フランス軍がなだれ込んだ。そして市街戦となり、守備兵だけでなく一般住民の命も、みさかいなく奪われていった。ボナパルト自身が、総裁政府に書きおくった報告書（三月一三日付）のなかで、この住民殺害事件について、つぎのように言及している。

「（三月七日）朝五時、わが軍は町を掌握しました。その後二四時間にわたって町は、略奪をはじめとして、戦争にともなうあらゆる惨禍にさらされました。いままで見たことがないほどの、恐ろしい情景が展開されました。四〇〇〇名の敵兵が殺害され、住民の一部も命を落としました。」

オブラートに包んだような書きぶりだが、四〇〇〇名以上の人間がひとつの町で殺害されたというのだから、その薄膜の下にある場景が凄惨なものだったことは容易に推測できる。

しかも、殺害された者たちのなかには、助命を条件に降伏したオスマン帝国軍捕虜がいた。

ボナパルトじきじきの命令によって、海岸で集団処刑されたのである。大量すぎて一日では片づかず、三月八日から三日間を要した。処刑された戦争捕虜の数については、複数の証言が異なる数字をあげているので確定できないが、もっとも多い数字だと三〇〇〇名、最少だと一〇〇〇名である。

軍医総監デジュネットの回想録『ある医師のエジプト遠征についての想い出』によると、彼も同席して本営で捕虜処遇問題が話しあわれたさい、「ベルチエ将軍が処刑の非人道性をボナパルト将軍に指摘した」らしい。この進言にたいしてボナパルトは、「カプチン会の修道院を指差し、「あそこに入ったらどうかね。悪いことはいわないから、一生出てくるな。どうだ、参謀長殿。わたしの命令を執行したまえ。わかったか」」と叱責したという。

この回想録は、事件から三〇年以上経過した一八三五年頃にまとめられたものである（公刊は一八九二年）。したがって細部まで正確というわけではない。しかし、ナポレオンもベルチエもこの世の人間でなくなった段階で書かれたものなのだから、バイアスがかかっている可能性は少ない。処刑はナポレオンが主導し、幕僚のなかに躊躇する者がいた、ということだ。

もちろんナポレオンは、助命を餌に降伏させたうえで殺害することを当初から意図したわけではない。副官二人が、守備側の頑強な抵抗を前にして味方の損害を慮り、ナポレオンに諮らずに降伏を持ちかけた、というのが事の始まりだった。ボナパルトは、捕虜はとらないという方針を堅持し、処刑を命じたのである。

その副官のひとりが、ジョゼフィーヌの連れ子であるウジェーヌだった。義父からほめられると思っていたのだろうか、あるいは、義子という立場なら許されるだろうと思っていたのだろうか。その心中は結局のところ測りかねるが、捕虜を引き連れて本営に現れたウジェーヌを、ナポレオンは「ばか者！」と痛罵したと伝えられている。

なぜナポレオンはこのような蛮行をあえておこなったのか。幕僚たちの憶測や、後年の彼の弁明ではなく、遠征当時のナポレオン自身の肉声だけにもとづいて解釈すれば、ヤッフォで強硬姿勢を顕示し、以降のシリア戦役において各都市のオスマン帝国軍守備隊の戦意をくじき早急な投降をうながすこと、これが狙いだったように思われる。三日間にわたって続いた捕虜処刑の、その中日である三月九日、ナポレオンはシリアのムスリム住民にむけて、こんな布告を発している。

「よく悟るがよい。人のなせる業のなかで、わたしの意志を妨げられるものは、ひとつとしてないことを。わたしの友となることを約束する者たちは盛運に恵まれよう。されど、わたしに敵する者たちは滅び去るほかないであろう。ヤッフォとガザでの前例を見よ。さすればわかるはずだ。敵にとっては怖ろしい存在であるわたしは、友にたいしては温柔な存在であることを。」

ようするに、捕虜処刑は恫喝だったのである。戦う前に降伏するならよいが、追いつめられてから両手を挙げても許さない。だからさっさと投降しろ、というわけだ。

ペスト禍

フランス軍はヤッフォの町と海岸を血で染めたのち北上し、アッコ（アラビア語ではアッカ）の町を包囲した。三月一九日のことである。

フランス軍は、約二か月もの長期にわたって城壁突撃を繰りかえしたものの、ついにアッコを占領することができなかった。イギリス艦隊による補給にも助けられ、守備軍は頑強に抵抗を貫きとおしたのである。

ナポレオンは、五月一七日付でエジプト帰還の全軍命令を発し、二〇日の夜半に撤収を開始した。シリア戦役は、フランス側の敗北に終わったのである。

シリア撤退にさいし、ナポレオンは焦土戦術をとった。総退却の全軍命令を出したのと同じ日、「ヨルダン川沿いにあるすべての製粉施設を焼き払え」という指示を出したのである。敵による追撃を困難にさせるためだったとはいえ、住民には過酷な措置だ。

二四日にヤッフォまで撤退したナポレオンは、しんがりを務めさせるクレベール将軍に、全面的焦土戦術をあらためて命じもした。

「行軍途次、小麦など収穫物をすべて焼き払うように。さらに、歩兵と騎兵とで分遣隊を数個編成し、行軍ルート上にある村に押し入りロバや馬などの家畜を奪え。」

ナポレオン自身がヤッフォから撤退した二八日に出された命令である。

捕虜処刑に焦土化。シリア戦役中におきた陰惨な出来事はこれらだけにとどまらなかった。もうひとつ、この陰惨なリストにくわえなければならないものがある。ペスト禍である。

一七九八年末にアレクサンドリアなどの海港を中心に発生したペストが、フランス軍とともにシリアへ侵入し、多数のフランス人将兵を異境に葬りさった。致死率の高いこの伝染病の蔓延によって、フランス軍の士気は低下せざるをえなかった。総司令官ナポレオンみずからがヤッフォにおいて、感染の危険をおかしてまで前後二回にわたり患者を病院に見舞わなければならなかったほど、フランス軍の士気阻喪はいちじるしかった。

しかも、シリアからの撤退にさいして、運搬に支障があるペスト患者を安楽死させるべきかどうかという、苦しい判断をボナパルトは迫られることにもなった。陸路でエジプトへ即刻連

図 4-2　アントワーヌ＝ジャン・グロ作『ヤッフォでペスト患者を見舞うナポレオン』1804 年，ルーヴル美術館蔵．ナポレオンがヤッフォでフランス兵ペスト患者を安楽死させたという非難が，ナポレオンが皇帝となろうとした 1804 年に，イギリスおよび王党派からあがった．この絵は，その非難をかわすために，ナポレオンが君主にふさわしい「思いやり」と「聖性」(君主の手は病を癒やす力を秘めているとされていた)を備えていることを強調している．

れ帰ることは、患者の体力から考えても、軍隊内への病気蔓延の危険性から考えても、適切な措置とはいえなかった。イギリス軍ないしオスマン帝国軍と交渉し、患者の介護を依頼するとか、海路での患者運搬の便宜を得るという選択肢は当然あったのだが、ナポレオンが敵軍にそのような申し入れをすることはなかった。

ナポレオンは五月二八日にヤッファを去るさい、致死量のアヘンを患者のかたわらに置き、それを飲むか、あるいは、惨殺される可能性のあるオスマン軍捕虜になるかの選択を、患者自身に委ねたといわれている。真相は藪の中だ。だが、ペスト患者の取りあつかいにナポレオンが難渋したことは確かだった。

実際のところ、シリア遠征軍約一万三〇〇〇名のうち、約一〇〇〇名がペストで死亡したと見積もられている。ほかに一二〇〇名が戦死、二三〇〇名が傷病。戦闘能力を保持したまま帰還したのは約六割、八〇〇〇名ほどだけだった。オスマン帝国軍に大規模な追撃戦をおこなう余力がなかったことが、ナポレオンにとっては、まだしも幸いだった。

司令官の苦悩

戦争は戦闘員と住民にとってだけ過酷なもの、というわけではない。捕虜処刑事件とペスト患者安楽死事件は、司令官という職務が、いかに苦渋を強いるものであるかの好例である。ナポレオンは、二つの事件で決断を下すまでに、前者では二日、後者では四日かけている。その期間の心中を推測できる資料はないのだが、決断にいたるまでの日数は、苦悩の重さを語っているのかもしれない。

シリア戦役が敗北に終わったこと自体も、ナポレオンにとって痛恨の極みだったのだろう。地中海の彼方でめざましい勝利を積み重ねて凱旋し、その勢いをかって政権を獲得するという企図は、すくなくともこの時点では破綻した。

六月一四日にカイロに戻ったナポレオンは、二週間後、総裁政府に宛てて報告書を記した。そこには、シリア戦役後のフランス軍が兵力面で深刻な事態におちいっていることが、如実に示されている。

「エジプト上陸の日から本日六月二八日までのあいだに、フランス軍は五三四四名を失いました。上陸時の軍勢を回復するには、騎兵五〇〇、歩兵五〇〇〇、砲兵五〇〇の増援が必要です。……

増援が得られないなら、講和を結ぶことが必要となるでしょう。この先一年間でさらに六〇〇〇名の損失を覚悟しなければならないからです。

一年後、われわれの兵力は一万五〇〇〇までに減少するものと思われます。そのうえ、傷病者二〇〇〇名と退役者五〇〇名、さらに、戦闘能力のない雑役者五〇〇名を、この兵力から差し引かなければなりません。残った一万二〇〇〇名では、陸路での進攻と連携して上陸がおこなわれた場合、防御のしようがありません。」

イタリア戦役と異なり、凱旋将軍として帰国することなど、夢のまた夢だった。

イスラーム政策の決算

統治者として実績をあげて帰国するという企図も、成就半ばといったところかもしれない。ムスリムに信教の自由を保証すると約束したナポレオンの真摯さに、資料から判断するかぎり、疑いの余地はない。当時のナポレオンがイスラームやムスリムにたいして、軽侮心や偏見を持っていたことを示す直接的な資料はひとつもない。しかし、ムスリムから信頼を得られなかったのも事実である。

エジプト遠征の全期間を通じてナポレオンは、都市においても農村においても、住民の反抗に悩まされつづけるのである。

住民感情悪化の最大因は、糧食に代表されるフランス軍の戦闘・占領経費が、すべてエジプト側の負担でまかなわれたことにある。フランス兵たちは行軍の途次、村落を略奪することさえあった。

フランス軍がカイロを目前にしていた一七九八年七月一九日のことだ。当時二一歳の青年大尉の回想『エジプトのラクダ騎兵フランソワ大尉の日記』(一九〇三年刊)によると、ある村でこんな悲惨なことがおきた。

「村民たちがひとつところに集まり、金をもらっても食糧は渡せないと言いはって、われわれに発砲してきた。指揮官のカンビズ将軍が攻撃を命じた。われわれは防壁を梯子でよじ登り村内に突入し、群衆に銃弾を浴びせた。およそ九〇〇名をその場で殺害した。この数字に女と子どもは含まれていない。家のなかにいたからだ。それでわれわれは、銃砲でもって家に火をつけることにした。村を占領したわれわれは、手に入れられるかぎりのものすべてを集めてまわった。ラクダにロバに馬、卵、牛、羊。……この村を出て行く前に、家——いや小屋といったほうがいいだろう——の残骸に火を放った。未開の半野蛮人そのものであるこの民族に、情け容赦なく教訓をみまうためだ。」

ナポレオンは、こうした略奪行為を公式には批判し、くり返し軍紀粛清を唱えた。だが、略奪を犯した者が処罰されることはなかった。そもそも、糧食などは現地調達することが想定されていた遠征であり、遠征立案者としてのナポレオンの責任は免れないだろう。

一七九八年一〇月に発生したカイロ蜂起についても、フランス軍による同様の経済的収奪が背景にあったと考えられる。蜂起にさきだつ九月末、カイロ住民にさまざまな新税と新手数料が課されるようになったのである。おもなものは購入・贈与・相続のさいに課される二パーセントの不動産税だが、それ以外にも一般消費税や、訴訟・旅券取得・出生登録などの各種手数料が住民に重くのしかかってきた。あらたなこの経済負担について、ジャバルティーは『フランス人のエジプト駐屯史』のなかで、「巧妙な手段を用い、民のお金を盗み取るだけでなく相続財産なども略奪するものだ」と激昂している。

マムルークの専政から解放し自由をもたらすのだ、とどれほど唱えても、実態がこれでは、信頼が得られるわけがない。

また、ナポレオンが唱える自由とは、フランス支配の枠内での自由でしかなかった。その支配を受け入れないことも「自由」として認めなければ、言葉と理念の両方において、実際には自由でない。

一九世紀以降、フランスは「文明化の使命」を掲げて、イスラーム世界の北アフリカを植民地支配した。それは、経済的収奪と独立否認の支配だった。

二〇世紀以降、フランスは多くのムスリム移民・難民を受け入れてきた。だが、先住者との経済的格差はなかなか縮小しない。さらに、学校などの公共空間でヒジャブやブルカを着用する自由は、政教分離原則の下、法律により、二一世紀に入って認められなくなった。

近代ヨーロッパ世界とイスラーム世界との濃密な関係の起点であるエジプト遠征。そこでのナポレオンの経験は、現在にいたるまで続く経験なのだろう。

突然の帰国

ナポレオンがカイロで、遠征の将来について極めて悲観的な報告書を、総裁政府に宛てて書いたのが一七九九年六月二八日のこと。それから四か月たらずの一〇月一三日、フランス国民を驚かせる記事が新聞で報じられた。

一〇月九日、南フランスのフレジュス湾(トゥーロンとニースの中間)にボナパルトが上陸した、というビッグニュースである。アレクサンドリア港を封鎖していたイギリス艦隊が、補給のために二本マストの小型帆船一隻だけを残してキプロス島にむかったおりを見はからい、八月二三日、将兵約三〇〇人をともないボナパルトはエジプトを脱出したのだった。遠征軍の大部分をエジプトに残し、また愛人ポーリーヌもカイロに残し、三本マストのフリゲート艦二隻と小型帆船三隻だけでの、突然の帰国だった。

このときナポレオンには、凱旋将軍としてフランス国民に迎えられるという勝算があったのだろうか。

第5章
敗残将軍が凱旋将軍となる

フランソワ・ブショ作『1799年11月10日，サン＝クルーの五百人会におけるボナパルト将軍』1840年，ヴェルサイユ宮殿美術館蔵.

ナポレオンを権力の座につけた1799年ブリュメールのクーデタは，2日間にわたってくりひろげられた.

2日目の11月10日にナポレオンは，兵士を連れて議会(五百人会)に現れ，演説をおこなおうとする．だが，急進共和主義者のクーデタ反対派議員につめよられ，議会のルールに慣れていないナポレオンは狼狽して立ちつくしてしまう.

1840年に描かれたこの絵は，時の政権である七月王政が注文したものである．ナポレオンの凜々しい姿と，その失態が同時に描かれている．また，急進共和派議員は決然とした表情で描かれており，この絵のなかでは脇役というよりも準主役である.

七月王政は，ナポレオン派と共和派の両勢力から支持を得ることで政権の安定化を図っていた．この絵は，ナポレオン賛美にも，共和主義賛美にも，どちらにも見えるように，巧妙に描かれている.

脱エジプト

一七九九年七月、エジプト遠征の今後に不安感を強めていたカイロのナポレオンに、またあらたな難局が訪れた。オスマン帝国軍がイギリス艦船の支援を受けて、アブキール海岸に上陸してきたのである。七月一四日のことだった。

オスマン帝国軍は、フランス軍守備隊を全滅させたのち、海岸に陣地を設営しフランス軍本隊との決戦に備える。一方、ボナパルトはカイロから急遽駆けつけ二三日にアレクサンドリアに入った。二六日、両軍のあいだで戦端が開かれる。

この「アブキールの戦い」は数時間で決着がついた。フランス軍の圧勝だった。オスマン帝国軍は、総司令官自身が捕虜になるなど、総崩れとなったのである。オスマン帝国軍の一部は岬の要塞に閉じこもってなおも抵抗をつづけるが、これも八月二日に降伏した。

同二日から、アレクサンドリア沖のイギリス艦船内で、捕虜交換交渉が始まる。といっても、ナポレオンとイギリス海軍の双方とも、捕虜交換が主要な狙いではなかった。イギリス艦隊司令官シドニー・スミスは、フランス側軍使に、ヨーロッパで発行された過去三か月分の新聞を渡す。そこには、ヨーロッパ大陸において軍事的苦境におちいっているフランスのありさまが報じられていた。第二回対仏大同盟が構築され、一七九九年三月にヨーロッパで戦争が本格的に再燃。イギリス軍とオーストリア軍、ロシア軍の攻勢に押され、フランス軍はライン川とアルプス山脈の線まで後退。ようするに、一七九三年からの対外戦争で築いた占領地や勢力圏の多くをフランスは失った、という報道記事だった。

なぜスミスは、フランスの軍事的苦境を伝える新聞がナポレオンに渡るよう計らったのか。その狙いについては、研究者のあいだで見解が一致している。コルシカ島育ちで地中海方面への勢力拡張に執着心が強いと思われるボナパルトに、単身帰国の決意をうながす。ナポレオンの後継司令官になるにちがいないクレベールはアルザス地方出身で、地中海よりはライン川方面の軍事状況に関心が高いはずだ。そんなクレベールと講和交渉をすすめてエジプトからのフランス軍早期撤退をかちとる。スミスの戦略はこういうものだったと考えられている。

ナポレオンの帰国や、その後のフランス遠征軍の帰国によってヨーロッパ大陸でフランス軍が盛りかえすことになるかもしれないが、エジプトを旧に復させることでインド交易にたいするフランスの脅威を払拭することのほうが重要だ――こんなふうに考えたスミスは、ようするに海軍将校らしく、ヨーロッパ大陸戦略よりも海洋帝国戦略を優先させたわけである。

一方のナポレオンにしても、さまざまなルートを通じてヨーロッパ情勢を正確に把握しておく必要があった。兄ジョゼフの回想録によれば、すでにナポレオンは一七九九年の六月頃、アルプス方面の軍事情勢悪化などを伝えて早期の帰国をうながすジョゼフからの使者にカイロで面会していた。スミスを介して情報をさらに仕入れたナポレオンは、帰国を決断する。時来たれり。フランスが苦境にある今このとき、凱旋将軍として帰国すれば、政権を掌握できるはずだ。ナポレオンがそう考えたとしても、なんら不思議でない。

ナポレオンは、スミスの狙いも承知していたようだ。クレベールに司令官職を託す八月二二日付の命令書のなかで、ナポレオンはエジプト保持の重要性を、つぎのようにあらためて強調している。

「フランスにとってエジプトの領有が重要であることを、貴官は十分承知だと思う。オスマン帝国はあらゆる方面で瓦解の瀬戸際にある。そのような現状においてエジプトから撤退することは、他のヨーロッパ勢力の掌中にこの麗しい土地が転がりこむことにつながり、そのような事態ほど嘆かわしいことはない。」

この命令書を作成した翌日、ボナパルトはフランスへむけて船上の人となった。このとき、アレクサンドリア港を監視するイギリス軍艦が一隻だったのは、ボナパルトにエジプト脱出をうながすイギリス側の深慮遠謀だったと考えられている。

情報操作

「アブキールでのオスマン帝国軍潰滅の知らせがフランスに届くのとほぼ同時に、わたしはフランスに上陸することになるだろう。わたしが戻れば軍の士気が高まり、結果として軍への信頼が回復するだろう。善良な市民たちは未来への希望を回復するだろう。世論が動き、結果としてフランスの国益が守られることになるだろう。」

これは、一七九九年八月、アレクサンドリアで帰国準備をしていたナポレオンが、腹心の部下のひとりだったマルモンに語ったとされる言葉である。一八三〇年代以降に執筆され、一八五七年に公刊された回想録のなかでマルモンが書いていることである。

真偽はわからない。この一文は、ナポレオンの実際の言葉というよりも、マルモンによる後知恵的解釈だと考えた方がよいかもしれない。いずれにせよ、ナポレオン帰国後の事態は、ほぼこの一文どおりの展開をたどる。

まず、ナポレオンがフランス本土に上陸する四日前の一〇月五日のこと、総裁政府宛てナポレオン報告書が、下院にあたる五百人会において読みあげられ、翌日には新聞各紙に掲載された。七月二八日にアレクサンドリアで書かれたこの報告書は、二日前の「アブキールの戦い」を、つぎのように描いていた。

「敵の左右両翼のあいだには、幅八〇〇メートルほどの美しい平地が横たわっていました。わが方の騎馬軍団はそこに駆け入り、全速で両翼それぞれの背後にまわり込みました。防御線は二重になっていましたが、敵兵は追いつめられ、三キロメートル沖合の軍船に逃れようと海に飛び込み全員が溺死しました。……

海岸一帯に敵の死体が折り重なっています。その数は六〇〇〇以上にのぼり、半数を戦場に埋め終わりました。岬の要塞も近日中に降伏するでしょうから、上陸軍は一兵たりともわが軍の手から逃れることができなかったわけです。

軍旗二〇〇旒と兵站物資、天幕、野砲四〇門を捕獲。そして、パリ駐在オスマン帝国大使の従兄弟にしてアナトリア総督である総司令官ムスタファを、全幕僚ともども捕らえました。以上が戦果です。わが方の損失は、戦死者一〇〇名、負傷者五〇〇名を数えます。」

官報という性格の濃い『モニトゥール・ユニヴェルセル(万人の指導者)』紙(一〇月六日付)によれば、「報告書は五百人会において二度読み上げられ、二度とも熱烈に迎えられた」。軍事的苦境にあった当時、議員たちは戦勝ニュースを渇望していたのだろう。

そして一〇月七日。アブキールでの戦勝がはなばなしく報じられた翌日のこの日、シリアからの総退却がフランス本土で告知された。『モニトゥール・ユニヴェルセル』をはじめ各紙が、五月一七日にナポレオンがアッコで記した総撤退の全軍命令を採録したのである。

ようするに、まず戦勝を報じて国民の歓喜をかき立てたうえで、過去の敗戦が知らされたのである。敗戦の報が与えかねない衝撃を無効にする、たいへん巧妙な情報操作だ。直近の戦勝に喜ぶ本土フランス人にとって、シリア退却は一昔前のものでしかなくなる。

時系列を入れ替えるこうした情報操作をだれが主導したのかは、資料上からはつきとめられない。一〇月五日といえばナポレオンはまだ地中海を航行中であり、また、それ以前の八月段階でナポレオンがエジプトから指示を出していた、とも考えにくい。おそらく、ナポレオンの次弟で、五百人会議員だったルシアンが知恵を働かせたのだろう。二年まえ、イタリア戦役中に新聞『ボナパルトと廉潔の士』を発行し、ナポレオンの宣伝戦略に一役買った弟である。この一七九九年一〇月当時は、五百人会の新聞統制委員会委員だった。

ともあれ、一〇月七日付の新聞各紙に採録されたナポレオンのシリア撤退命令は、つぎのようなものだった。

「兵士諸君に告ぐ。諸君は、アフリカとアジアとを隔てる砂漠を、ベドウィンよりも迅速に踏破した。エジプトを侵略せんと前進しつつあった敵軍は撃破された。諸君は敵軍の将を捕らえ、輜重(しちょう)も、飲料水入り革袋も、そしてラクダも捕獲した。諸君は、砂漠のなかの井戸を守る要塞を、すべて奪取した。……

われわれはわずかな兵力でもって、シリア奥深く三か月にわたり戦いつづけた。野砲四〇門と軍旗五〇旒を捕獲し、敵兵六〇〇〇名を捕虜とした。そして、ガザをはじめヤッフォ、ハイファ、アッコで城塞を破壊した。このような戦果を挙げ、われわれは今からエジプトへ帰還する。エジプト上陸に都合の良い季節となり、わたしは戻らねばならなくなった。」

「エジプト上陸に都合の良い季節」とは、ナイル川の増水と関係がある。エチオピア高原に降る大量の雨によって毎年六月末頃に増水が始まり、八月中頃から一〇月いっぱいまでは、カイロ以北の農地の大部分が冠水し行軍が困難になる。また七月頃は、小麦などの冬季作物の収穫がすべて終わっているため、糧秣を徴発するにも都合がよい季節なのだ。フランス軍自体がエジプトに上陸したのは、七月一日だった。したがって、ナポレオンがシリア撤退を決断した五月中旬といえば、オスマン帝国軍が海路エジプトに進入してくる可能性の高い季節まで、たしかにあとわずかだった。

図 5-1　ジャン＝ピエール・フランク作『ナポレオンがエジプトから帰還する前のフランスの寓意』1810 年，ルーヴル美術館蔵．左上の女性（フランスの寓意）を短剣で襲っている怪物たちは，フランスが直面していた内外の危機的状況を表している．ナイル河畔にいたナポレオンが危機を察知して帰還を決意した，というストーリーが描かれている．

しかし、ナポレオンのこの全軍命令は、二か月かけてもアッコ攻略にいたらなかったという事実を、オスマン帝国軍によるエジプト上陸の切迫さを強調することで覆いかくしているのだ。さらにナポレオンは、戦略面では敗北した事実を、個々の局面でおさめた勝利を強調することによって糊塗しようとした、ともいえるだろう。

捏造というわけではない。しかし、ヤッフォ虐殺事件やペスト患者安楽死事件、そして焦土戦術など、多くの陰惨な出来事が隠蔽されたことで、全体として事実が歪められていることは否めない。

本土各紙はこの全軍命令を、なんらの疑義をはさまず紙面に載せた。ナポレオンによる記憶の操作を無批判に受けいれたのである。

シリア戦役の敗残将軍としてではなく、エジプト遠征の凱旋将軍として帰国しうる状況が、このように整えられていたまさにそのとき、ナポレオンはフランスに戻ってきたのである。

歓迎熱

一〇月九日にフランス本土に戻ったナポレオンは、多くの国民から熱い歓迎を受けたようである。当時の新聞には、そうした熱気を伝える記事があふれている。

「栄光に輝くさまざまな勝利を、だれにも先駆けてフランス軍にもたらしてきたボナパルト将軍。その将軍が、オリエントの覇者となって戻ってきた。」

これは、ナポレオンの帰国をもっとも早く報じた『クレ・ドゥ・カビネ・デ・スヴレン（主権者の仕事部屋の鍵）』の、その第一報記事（一〇月一三日）である。そして第三報（一六日）は、ボナパルト一行の帰国第二夜の町、南仏プロヴァンス地方の中心都市エクスでの歓迎ぶりを、つぎのように描く。

「祝砲が鳴らされ、松明（たいまつ）や篝火（かがりび）が街中をあまねく照らしだしていた。住民は誰もかれも、いいようのないほどの歓喜の渦のなかにいた。歌声、音楽、ダンス、ファランドール（手を繋ぎ輪や列をつくるプロヴァンス地方の踊り）が、慶びのこの日を華やかに彩っていた。アブキールの勝利者ボナパルト将軍は、きっと悟ったことだろう。長く国を離れていたが、その不在中に国のためになした献身ゆえに、フランス全土から称賛と敬愛の念をますます集めるようになったことを。」

パリへむかって急ぎ北上するナポレオンは、行くさきざきの町でも民衆の歓呼に迎えられたらしい。イタリア方面軍の大尉として一〇月一一日に南仏アヴィニョンに滞在していたブラールが、住民の歓迎ぶりを回想録に残している。

「大群衆だった。めあての偉人の姿が見えるや、興奮は頂点に達し、「ボナパルト万歳」の喚声がそこらじゅうで鳴り響いた。群衆は大声を上げながら、宿泊予定の宿までボナパルト将軍に随行した。それは、じつに感動的な光景だった。」

ブラールは、一八四二年に死ぬまで現役軍人でありつづけ、ナポレオン失脚後も砲学校の校長を務めた人物である。その回想録は一八三〇年代に書かれたものなので、この一節には、正確でない部分が当然あるだろう。しかし、政界とは関係せず職業軍人一筋だったその経歴を考えると、ナポレオン崇拝熱に関するこの証言は、おおすじ信頼しうるものだと考えてよい。

リヨンでもナポレオン歓迎ムードはおおきく盛りあがったようだ。共和主義を信念とする人物にとっては、君主制の復活を懸念させるほどの盛りあがりだった。当時は一介の軽騎兵だったマルスラン・マルボが一八四〇年代半ばに執筆した回想録(一八九一年刊)のなかに、このような懸念への言及がある。総裁政府から山岳派だと目されて疎まれ、旅団長として北イタリア方面へ体よく追いやられることになった父親アントワーヌとともに、マルスランがリヨンにたち寄った一〇月一三日夜のことだ。この日はちょうどナポレオン一行もリヨンで一夜を過ごしており、マルスランによれば――

「町に入ると、どの家も松明で照らし出され、旗が飾られていた。花火も打ち上げられていた。道路が群衆でごったがえしていて、馬車を進めるのが一苦労だった。あちこちの広場で人びとがダンスに興じていた。「祖国を救いに戻ってきたボナパルト万歳」という喚声が響いていた。……予約を入れておいた宿に近づくにつれて、人の群れがますます密になってきた。目当ての宿の前まで来ると、その戸口が提灯で覆われ、擲弾兵(てきだんへい)大隊が警護にあたっているのが見えた。ボナパルト将軍もそこに泊まっていたのだ。……

リヨンの民衆はボナパルト将軍の前を駆けずりまわり、将軍をフランスの君主であるかのように遇していた。この様子を目にして不快になった父は、きっぱりとした口調で、明日すぐに発ちたいと私に伝えた。」

マルスラン・マルボは、ナポレオン体制期に入ってさまざまな戦闘に参加し、ワーテルローの戦いでもナポレオンのもとに駆けつけた軍人である。セント・ヘレナで死んだナポレオンから遺産を分与された、数少ない士官のひとりでもある。

終生ナポレオンに忠実であった人物による四十数年後の回想である、という事情を考えると、そこに描かれている民衆のナポレオン崇拝熱を、額面どおり受けとめることはできない。しかし、一八〇〇年にジェノヴァ包囲の戦場で病死することになる父アントワーヌの目を介して描いた部分にかぎれば、あながち虚言ではないだろう。軍人一家に育った人間が、入隊時から仕えつづけた指揮官でもある父親を、作り話に巻きこむことはまずないと考えてよい。

人びとは謡う

識字率が低かった当時の民衆の心性を、直接かいま見させてくれるものがある。読み書き能力とは無関係に流布する俗謡だ。当時の流行歌『ボナパルトのフランス帰還』は、こんな内容だった。

ボナパルトがわたしたちのところに戻り
フランスにもたらしてくれる
平和と幸せと希望を

エジプトの、カイロの、あの征服者が戻り
わたしたちにふたたび勝利をもたらしてくれる
……
ヤッフォでも、ガザでも、サン＝ジャン＝ダクル（アッコのフランス語呼称）でも
フランス軍の武勲を畏れない者はいない

親ナポレオン感情が高まった背景に、「エジプト遠征の記憶」があったことは、まちがいない。新聞記事や流行歌中の「オリエントの覇者」「アブキールの勝利者ボナパルト将軍」「エジプトの、カイロの、あの征服者」という語句は、軍事手腕に長けたナポレオンへの、民衆の熱き期待を裏書きしている。

そして期待は、軍事面ばかりではなかったようだ。エジプトで善政を施して住民から感謝されている、そんな民衆思いの政治家、という心象が、人びとのあいだで育まれていた。当時のもうひとつの流行歌『ボナパルト将軍のさまざまな勝利』は、民政面で「エジプト遠征の記憶」が重要な要素になっている、そんなナポレオン賛歌にほかならなかった。

狂信を啓蒙し
ボナパルトは流血を避ける

だが、決意固く彼がおこなうこと
それは専政の打倒
　だれからも称えられる彼の政治
カイロではムスリムとなり
ローマではカトリックとなり
あらゆるところで布かれる善政
寛容を唱え
あらゆる人の心をつかむボナパルト

パリでも人が走る

パリ市民のあいだでも、上陸したナポレオンの到来を待ちわびる熱気は、日ごとに高まっていたようだ。フレジュス上陸の初報道があったのは一三日だが、その夜の、街の反応を五百人会元議員チボードーが、一八二〇年代に書いた回想録のなかで、つぎのように記している。

「私は共和国劇場に来ていた。場内で、ボナパルト将軍のフレジュス上陸が告げられた。この知らせに、「ボナパルト万歳！」という叫びがあちこちから上がった。そして騒がしいほどの拍手喝采が何度も繰りかえされた。場内全体、まるで電気に打たれたようだった。芝居を観ている者など、もうひとりもいなかった。……どの顔も、どの談笑も、これで国が救われるだろうという期待と、自分たちに幸運がめぐってくるだろうという予感に包まれていた。」

パリ全体にナポレオン帰国の知らせが広がったのは翌一四日だった。当時はまだ下士官だったが後年に将軍としてナポレオンに仕えるチエボーが、この日のパリの様子を詳しく書きとめている。一八三〇年代に彼が書きおいた回想録が一八九〇年代半ばに刊行され、それによると民衆の熱狂はつぎのようなものだった。

「理由はもう思い出せないのだが、私はその日、パレ・ロワイヤル（売買春が盛んにおこなわれていた歓楽地）に来ていた。広場の反対側で人だかりができ、それがみるみるうちに膨れあがっていくのに気づいた。そうこうしているうちに、男も女も全速力で走りまわりはじめた。なにげないふうを装い、私は人だかりの方へ行ってみることにした。群衆はたくさんの小グループに分かれているようだった。絶えずあらたに人がやって来ては、なにかを耳に仕入れ、興奮しながら去っていくのだった。おそらく、なにか大ニュースが告示され、その情報を交換しあっているのだろう。暴動とか戦勝とか敗戦のニュースなのだろう。早く確かめたくて、私は駆け足になった。人だかりから出てきて私のかたわらを走り抜けていく者たちに、たまらず声をかけたが、だれも立ち止まってくれない。だがひとりだけ、走ったまま息を切らしながらも私に大声で教えてくれた。「ボナパルト将軍がフレジュスに上陸したんだ。」今度は私の番だった。みなとおなじく頭が真っ白になり、驚きのあまり金縛りにあったように数秒間じっと立ちつくしたあとで、私も走りだした。……

このニュースは、電流のようなスピードで広まっていった。街角はどこも、さきほどのパレ・ロワイヤルと同じ光景を呈した。パリ駐屯連隊の音楽隊が、歓迎の意を表して市内で行進を始め、その後ろに民衆と兵士の群れが波打つように続いていた。夜になると、どの地区でも即席の松明などが灯され、そして劇場ではどこでも、予想外であったと同時に待ち望まれてもいたこの帰還が、「共和国万歳　ボナパルト万歳」という喚声とともに告げられた。奇蹟のようなこの帰還を知らせようと、みながお互いを探しあい、喜びを分かち持とうと住まいを行き来しあった。」

フレジュス上陸から一週間後の一〇月一六日、ナポレオンはパリに入った。

夫婦の打算

その日、ナポレオンは夜のうちにパリの自邸へ足をむけた。ジョゼフィーヌに離婚を言いわたすつもりだった。

だがジョゼフィーヌは不在。三日まえの一三日、総裁のひとりゴイエおよびその夫人と、総裁官邸のリュクサンブール宮殿で晩餐をとっていたジョゼフィーヌは、ゴイエから夫の帰国を知らされ、出迎えのためにパリを離れていたのだった。すれ違いである。

帰宅したナポレオンは即刻、ジョゼフィーヌの私物を門番の詰め所へ運び出させた。離婚の決意は強まる一方だ。

出迎えルートをまちがえたことを覚（さと）ったジョゼフィーヌは、一七日の夕刻に自邸にもどる。だが、ナポレオンは自室にこもり、会おうとさえしない。ナポレオンとともに帰国した息子ウジェーヌと、娘のオルタンスが母への許しを懇願し、ようやくナポレオンはドアを開け、ジョゼフィーヌとベッドをともにした。

これは、伝記本でしばしば取りあげられる裏話である。

ジョゼフィーヌには、出世街道を驀進中のナポレオンと離婚する気など、これしきもなかったのだろう。夫とはべつに愛人を持つというのは、彼女が育ったフランス貴族社会では特段とがめられることでもなかった。

ナポレオンにしても、バラスやゴイエなどの有力政治家を取り巻きに持つジョゼフィーヌは利用価値が大きかった。

そのうえ、エジプトでのポーリーヌとの関係にはじまって、これ以降のナポレオンの身のまわりには、愛人の影がいくつも現れるようになる。

渡りに舟

ナポレオンがもどったパリでは、行政府の権限強化を企図するクーデタが、総裁のひとりであるシェイエスを中心にして計画されつつあった。一七八九年に『第三身分とは何か』を著してフランス革命勃発の立役者になった、穏健共和派の人物である。

クーデタ計画の背景には、まず、ヨーロッパにおけるフランスの軍事的苦境があった。ナポレオンがエジプトにおいて、兄ジョゼフからの使者や、シドニー・スミスを通じて知るところになった軍事情勢である。しかも、その時よりも脅威が深刻になっていた。第二回対仏大同盟を結んだイギリス軍・オーストリア軍・ロシア軍の攻勢に呼応して、八月中旬、王党派の武装蜂起が西部と南部を中心にフランス各地で勃発したのである。蜂起自体は、王党派内部の連携のまずさから総裁政府によってすみやかに鎮圧されたが、反仏同盟国と王党派による軍事攻勢の脅威は続いていた。

急進共和派も勢力を回復しつつあった。エジプト遠征中におこなわれた一七九九年四月の議会選挙で急進共和派は議席を拡大したのである。ナポレオン不在中に議会は、急進共和派の主導により、有産階級に公債買い取りを強制する法案や、反革命容疑者の親戚を逮捕して財産を没収する「人質法」を可決するなど、穏健共和派の本来の意向に反して、私有財産権と「経済活動の自由」へ介入する傾向を強めていた。

一七九五年から国政を掌握してきた穏健共和派は、一七九九年にいたり、勢力回復基調の急進共和派と、軍事攻勢を強める王党派の双方から、地歩を奪われる事態に直面していたのである。一七九九年五月に総裁のひとりに就任したシェイエスは、こうした事態を打開するために、急進共和派が掌握しかねない議会の権限を弱め、穏健共和派主導の強力な行政府を樹立するためのクーデタ計画を画策し始めた。

そして、クーデタに必要な軍隊を動かせる穏健共和派の将軍を探していたシェイエスは、帰国したばかりのナポレオンに目をつけたのである。

もちろん、ナポレオンにとっても渡りに舟の話だった。

綱渡りのクーデタ

クーデタ計画には、ナポレオンの弟ルシアンと、元外務大臣タレーラン、総裁デュコらも当初から関与していた。ナポレオンとの密談がくりかえされ、決行日は共和暦ブリュメール(霧月)一八日、つまり一一月九日と決められた。まえもってルシアンが五百人会の議長に就くことが画され、一〇月末にはそれも実現。かくして準備が整う。

一一月九日早朝、急進共和派や王党派の議員に招集の連絡をしないままに、穏健共和派が優位を占めている元老会が開会された。そして、両院制の議会を、パリ中心部から西へ約一〇キロメートルほどのサン゠クルー城に移動させることが決議された。山岳派の蜂起がパリで計画されており、その脅威から議会を守る、という口実だった。実際の狙いは、急進共和派の勢力が根強い五百人会と、急進共和派の支持基盤であるパリ民衆とを物理的に切り離し、反クーデタの街頭行動発生を未然に防ぐためだった。

さらに元老会は、ナポレオンをパリ管区師団司令官に任命し、議会警護も委ねた。ついで、政府権力の一時的空白状態をつくり出すために、総裁職の空席化が強行された。シエイエスとデュコが総裁をみずから辞し、総裁バラスはタレーランから高額年金を保証されて政界引退に同意した。急進共和派寄りの残り二人の総裁ゴイエとムーランは、辞職を拒否したのでナポレオン軍によって軟禁された。そもそも総裁五名体制のうち二人だけでは、もはや総裁政府としてなんらの決定もおこなえなかった。

翌一〇日、五〇〇〇名のナポレオン軍が包囲するなか、サン＝クルー城に移った議会で、総裁政府に替わる臨時政府樹立と、憲法制定委員会設置の審議が始まる。そして、元老会では、シェイエスらのもくろみどおり臨時政府樹立が決議された。

しかし、護憲派である急進共和派議員が多い五百人会では審議が難航。このとき、議長席にいたルシアンの回想録によれば、「ボナパルト将軍が、四人の精鋭兵士を従えて議場に入ってきた。議員たちはこれを見て憤慨し、総立ちになった」。五百人会の急進共和派議員たちは、クーデタが目前でおこなわれつつあることを悟ったのである。

この時点でのナポレオンの議場入りは、当初のクーデタ計画にはなくナポレオンの失態だったと、多くの歴史家は考えている。演説を始めようとしたナポレオンに、急進共和派議員はヤジを浴びせながら詰めより、こういった議会審議に慣れていないナポレオンが絶句し立ちつくしてしまうのである。演説もできない状況に追いつめられたナポレオンは、兵士に守られて退場する。直後、ナポレオンを「法の保護の外におく」との動議が提出される始末だった。クーデタ計画は、こうして破綻の淵に追いこまれた。

それを救ったのがルシアンだった。ルシアンは議長権限でもって休会を宣言し、動議の審議入りを阻止した。そして、議場を離れると、城を警護している軍隊のまえに騎馬姿で現れ、「短剣を隠し持つ一部の議員」によってナポレオンが法の保護の外、つまり逮捕か国外追放の身におかれようとしていると語り、かれら議員を議場から排除するよう訴えたのである。

そして、ナポレオンの腹心の部下で、議会警護隊を指揮していたミュラ将軍が、サーベルを抜き、部下とともに五百人会に突撃。負傷者は出なかったが、全議員が議場から追い出された。同夜、クーデタ支持の穏健共和派議員だけによって、新憲法制定までの議会休会と、その間の行政権を臨時政府に委ねることが決定された。ナポレオンとシェイエス、デュコの三名からなる統領委員会が設置され、臨時政府はこの三頭体制でスタートした。

革命は終わった?

クーデタ翌日、パリは静かに朝を迎えた。クーデタ反対などと叫んで街頭に出る者は、ひとりとしていなかった。一一月一三日付の警察省中央局報告書は、クーデタにたいする市民の反応をつぎのようにまとめている。

「会話にも顔の表情にも、心からの安堵のしるしがうかがえる。……共和政体が改善されるだろうという希望と満足を、ブリュメール一八日がもたらしている、と総括してよいだろう。」

はばひろい国民のこうした期待をになって、三人の統領と、ルシアンなど五百人会および元老会の代表たちからなる委員会で、新憲法草案の作成が始まった。

委員会ではすぐに、ひとりの人間をトップに戴く軍隊式上意下達の政治体制を志向するナポレオンと、多頭制行政府にこだわるシェイエスらとの意見の違いが表面化した。ルシアンも、この点では兄に批判的だった。しかし、軍事力を握るボナパルトが対立を制した。一二月一三日に委員会決定された新憲法(共和国八年憲法)は、新議会(護民院、元老院、立法院)にわずかな権限しか与えないだけでなく、三統領のうちの第一統領に、軍の指揮権、大臣指名権、外交権など、重要権限を集中させるものとなったのである。

ブリュメールのクーデタを危機の淵から救ったのはルシアンだった。しかしルシアンには、そしてシェイエスにも、軍を動かす力がなかった。このクーデタが結局のところ軍事力でもって決せられた以上、軍を掌握する人間が権力を握るのは必然だったのだろう。一二月一五日に新憲法が公布され、ナポレオンが第一統領の座に就く。

新憲法は、二一歳以上の男性全員を有権者とする国民投票にかけられ、内務省の公式発表によると賛成三〇一万票、反対一五六二票という大差でもって、一八〇〇年二月七日付で追認された。

現在の研究では、内務大臣の職にあったルシアンの介入によって、賛成票が大量に水増しされたことが判明している。実際の賛成票は約一五五万票だったらしい。それでも、賛成票が反対票より格段に多かったことは事実である。また、この水増しをナポレオンが指示したのかどうかは、不明である。ルシアンによる忖度(そんたく)なのかもしれない。

ともあれ、ブリュメールのクーデタを国民が受けいれた理由について、これまでさまざまなことが指摘されてきた。革命下でクーデタを何度も目の当たりにしてきた国民が、クーデタにたいして無感覚になっていたこと。反仏同盟軍にたいしてフランス軍が劣勢に転じた当時、強力な軍事政権の出現に国民の期待が集まったこと。インフレーションと失業に苦しむ都市民衆が、政権刷新による現状の打開を期待したこと。ようするに、現状への不満と将来への不安がない交ぜになり、非合法性への批判精神が国民のあいだで麻痺していたのである。

さらに付けくわえれば、革命のおかげで生じた国有地を購入するなどして富裕化したブルジョワ階層と、おなじく革命で誕生した自作農民が、私有財産権への制限や王党派の反乱に不安を募らせ、既得権を守ってくれそうな強権的穏健共和派政権を歓迎したのだった。

実際にも、新憲法は第九四条において、国有地購入者の所有権が不可侵であることをわざわざ明記していた。新憲法公布にあわせて布告された、統領三名の連記による声明文『フランス人へ』も、平等・自由とならべて所有権を「神聖な権利」として特記してもいた。この声明文の終わりの一節は、「それを始めた原理のうちに革命は固定され、革命は終わった」というものだった。もってまわった言い方だが、ようするに、革命の成果が憲法に取り入れられているよ、という自画自賛であり、革命の成果とは、これまでナポレオンが立脚してきたブルジョワ階層側から見た成果、つまり私的所有権の不可侵化にほかならなかった。

歴史家は、歴史の流れのどこかの一点で時代を区切りたがる。『フランス人へ』の最後の語句「革命は終わった」は、フランス革命期とナポレオン体制期とを画する言葉だとして、伝記本ではもちろん、研究書のなかでもよく言及されてきた。しかし、歴史の流れのなかには断絶と継続が同時にあるのが常であり、この新憲法でもってフランス革命が終わったわけではない。「革命は終わった」という語句は、「革命を終わりにするぞ」というナポレオンの決意として読まれるべきだろう。権力の座についたナポレオンは、その後、ブルジョワ階層が革命を通じて手に入れた成果を根づかせるために、フランスの内外で奮闘する。

第6章
大陸の覇者

ジャック=ルイ・ダヴィド作『グラン・サン・ベルナール峠でアルプスを越える第一統領』1801年, マルメゾン城館美術館蔵.

第2次イタリア戦役(1800-1801年)においてナポレオンは, オーストリア軍が迎撃準備を整えるまえに北部イタリアへ進入しようとして, 残雪がまだ深いアルプス越えのルートを選んだ.

日本においてナポレオンの名言とされている「余の辞書に不可能の文字はない(Impossible n'est pas français)」は, このときに口をついて出たとする説がある. この名訳をあえて逐語訳に直すと「不可能というのはフランスにふさわしくない」だとか,「不可能というのはフランス語ではない」となる.

この名言がアルプス越えのときにナポレオンの口から実際に発せられたのかどうか, それを同時代資料で確認することはできない. ただし, いくつかの回想録によれば, ナポレオンはこれに似た言いまわしをときおり口にしていたらしい.

第三者による回想や証言でなく, ナポレオン自身の手になる文書のなかでこの種の言いまわしが確認できる唯一のものは, ドイツ東部のマクデブルク市で防衛の任についていたル・マロワ将軍へ宛てた返書(1813年7月9日付)である. 防衛の困難を伝えてきたル・マロワにたいして,「不可能だと貴君は言ってきたが, これはフランスにふさわしくない」とナポレオンは書いたのである.

「余の辞書に……」がアルプス越えのさいに語られた言葉でないにせよ, 野砲や軍馬をともなう早春のアルプス越えは, ナポレオンにとっても一般将兵にとっても, 難業だったことにかわりはないだろう.

君主への一歩

ナポレオンは、ブリュメールのクーデタが成功した翌日、ジョゼフィーヌをともないリュクサンブール宮殿に入った。この宮殿が、これまでの総裁五名に替わって、ナポレオンら三名の統領が住まいし執務する官邸となったのである。

しかし、第一統領となったナポレオンは、統領政府官邸を、すぐにチュイルリー宮殿へ移そうとした。両方とも一七世紀に完成した宮殿だが、リュクサンブールとチュイルリーとでは格に大きな違いがある。リュクサンブール宮殿には、幼少期のルイ一三世をのぞいて、国王自身が住むことはなかった。おもに、国王一族の大貴族が住む宮殿だったのである。一方のチュイルリー宮殿は王宮であって、ルイ一四世代にヴェルサイユ宮殿にとって替わられるまで、フランス国王がここに鎮座していた。フランス革命が一七八九年に勃発し、その一〇月にルイ一六世国王一家がヴェルサイユからパリへ帰還を余儀なくされるが、そのときから一七九二年八月に牢へ監禁されるまで、国王一家が日を送った場所が、やはりチュイルリー宮殿だった。

ナポレオンが官邸を旧王宮のチュイルリー宮殿へわざわざ移そうとしたことは、大きな意味をもっている。共和政下でありながら、事実上の君主のようにふる舞いはじめたのである。移転前の下見にチュイルリー宮殿を訪れたナポレオンは、修繕工事の指揮をとっていた技師長に、壁を見やりながらつぎのように命じたという。

「これはみな消してくれ。わたしは、こんな汚らしいものを見たくない。」

壁のいたるところに赤いフリジア帽が描かれており、それを漆喰で塗りつぶせという指示だった。

フリジア帽とは、古代ローマにおいて、自由身分となった解放奴隷が被るものとして考案された三角帽子である。この起源に基づき、フランス革命ではフリジア帽が、隷従から自由への解放の象徴とされ、文字を解せない都市・農村の民衆にむけて革命精神とされる自由を喧伝するために、さかんに意匠に取り入れられた。フランス革命のなかの、民衆革命という側面を象徴する帽子である。

一七九二年八月にパリ民衆が王権の停止を求めてチュイルリー宮殿になだれ込み国王一家を捕らえて以降、宮殿の壁に多数のフリジア帽が描かれたのだった。これを塗りつぶせという指示を発したナポレオンは、やはり民衆革命側にはいなかったのである。

チュイルリー宮殿でのこの逸話は、ブリエンヌ幼年兵学校時代の学友ブーリエンヌが回想録で語ったものである。ブーリエンヌは、イタリア戦役も後半に入った一七九七年四月から秘書としてナポレオンに仕えており、回想録によれば、宮殿への下見にもナポレオンに同行していた。

回想録には、ナポレオンが語ったという言葉が、すくなからず紹介されている。なかには十数行にもわたる引用があり、こうした長文のものは一語一句をそのまま信じることができない。だが、「これはみな消してくれ。……」といった短いものなら、信憑性が高いかもしれない。

図 6-1 バソムピエール・ガストン作『人はだれでも最初の好みにもどる』1815 年 8 月．この彩色銅版画は，ナポレオンの第 2 回退位直後に流布したものである．退位が，貧困の象徴である藁椅子によって風刺されている．帝笏(君主権の象徴)の先端を飾っているのがフリジア帽であり，この風刺画は，ナポレオンを玉座に導いたのが革命的民衆であり，それをナポレオンも誇らしく思っているという誤解に基づいている．

ともあれ、一八〇〇年二月一九日、リュクサンブール宮殿からチュイルリー宮殿に統領三名が移る公式パレードがおこなわれた。おなじくブーリエンヌの回想によると、楽隊を先頭にして三〇〇〇人の兵士が行進し、ナポレオンは二人の統領とともに白馬六頭立て馬車に乗ったという。フランス歴代王朝下の国王巡幸を彷彿とさせる見世物だった。

支配者にとって、相手が臣民から市民に変わろうと、被支配者にその存在を可視化させることが重要である。ルイ一四世は、王宮をパリからヴェルサイユに移したが、生身の身体に替わる自身の銅像をパリに建立させた。幼年時から歴史書に親しんできたナポレオンにとって、このような民衆操縦術など、自家薬籠中の物だったのだろう。

「わたしは、行列を仕立てて行かねばならない。退屈なことだが、人びとの目に語りかけねばならないのだ。そうすることが、国民には喜ばしいことだから。……政府首班たる者は、大きな町において、宮殿において、人びとの目を、あらゆる可能な方法でもって引きつけねばならない。」

この一文もまた、ブーリエンヌの回想録からのもので、二月一九日のパレードの朝に、ナポレオンがブーリエンヌにむかってこう語ったという。ありそうな発言である。そして、このとき三〇歳の、まだ青年ともいえる年端のこの人物が、早くも老成した政治家になったことを示してもいる言葉である。

英雄のレシピ――アルプス越え

「貴殿におかれては、つぎなる任務に就いていただきたい。きたる春と夏、軍を指揮してそれを勝利に導かれるよう、お願いする。勝利こそ、平和にいたる道であると同時に、共和国を強固にしうる道であるから。」

これは、ナポレオンが戦争大臣ベルチエ将軍に宛てて、きたる（第二次）イタリア戦役で一軍を指揮することを求めた書簡（一八〇〇年四月二日付）の一節である。エジプト遠征の勝利の記憶のおかげで懐に転がりこんできた政権を、強固にして維持するには、あらたな戦勝の記憶が必要だ。ナポレオンはそう考えていたのだろう。

春五月、ようやく雪どけが始まったアルプスの峠を越えて、ナポレオンみずから率いるフランス軍が、北部イタリアへ侵攻した。第一次イタリア戦役でフランスが獲得した勢力圏（チザルピーナ共和国など）が、前年の一七九九年にオーストリアによって奪われており、それをふたたび手に入れるためだった。

ナポレオンは、海岸沿いからイタリアに入った前回とはちがい、アルプス越えのルートを選んだ。オーストリア軍が本格的に反撃体制を整えるまえに、機動力を活かして勝利を得る腹づもりだった。

六月一四日、イタリア北西部のマレンゴで両軍が激突。両軍とも多大な戦死者をだし、結局、フランス軍が辛勝した。

オーストリア軍との戦いはまだ続くが、マレンゴの戦いで北部・中部イタリアの再支配に道筋をつけたナポレオンは、七月にパリへ戻った。

そしてナポレオンは、革命期のフランスにとって数少ない同盟国のひとつだったスペイン（大西洋交易をイギリスに妨害されるようになったスペインは、一七九六年八月に対イギリス軍事同盟をフランスと結んだ）と、関係の強化を図りはじめた。オーストリアにつづいて、長年の宿敵であるイギリスと正面から戦うなら、海軍力に秀でるスペインとの同盟を揺るぎないものにする必要があったのである。

一方のスペイン王カルロス四世にとっても、中部イタリアのトスカーナ大公国におけるスペインの伝統的影響力（当時のトスカーナ大公はカルロス四世の甥）を維持するうえで、イタリアを再支配する勢いのナポレオンに接近する必要があった。

カルロス四世は、両国間の友情を示すものとして、ナポレオンの肖像画を、だれかフランス人画家に一枚描かせ、それをマドリードの王宮に飾らせることにする。画家の選定はフランス側に任せられた。

選ばれたのが、当時のフランスで随一の描き手という評判をとっていたジャック＝ルイ・ダヴィドだった。八月、ダヴィドはそうそうに制作にとりかかり、素描のためにポーズをとるようナポレオンに懇願する。だが、ナポレオンはつぎのように言って断ったと伝えられている。

「大人物の肖像画が本人に似ているのかどうかなど、だれも知ろうとは思わないものだ。いかに才智ある人物なのか、それが生き生きと描かれていれば十分だ。」

これは、ダヴィドの弟子ドレクリューズが、一八五五年に著した回想録のなかで伝えている逸話である。グロが『アルコレ橋のボナパルト将軍』を制作するときに直面した問題と同じであり、やはりナポレオンは、自身の肖像画の制作にさほど熱意を持っていなかったようである。

ダヴィドはいたしかたなく、当年一六歳だった自身の息子をモデルにして描いたらしい。完成した絵のなかのナポレオンが実年齢よりもそうとうに若く見えるのは、こうした事情が働いているからだろう。ともあれ、何種類も現存するナポレオンの肖像画のなかで、もっとも有名になる『グラン（大）・サン・ベルナール峠でアルプスを越える第一統領』の制作がこうして始まった。

ナポレオンとカルロス四世との関係は親密さを深め、一〇月に秘密条約が結ばれた。第一に、フランスはカルロス四世の女婿ルドヴィーコに、イタリア半島のどこかに領地を与える。明示されなかったが、トスカーナ地方が想定されていた。第二に、スペインはフランスに軍艦六隻を譲渡し、さらに、一七六三年に割譲を受けた北米大陸ミシシッピ川以西のルイジアナをフランスに返還する、という内容だった。

この秘密条約締結から二か月後、一八〇一年一月に『グラン・サン・ベルナール峠でアルプスを越える第一統領』が完成する。

絵がマドリードに運ばれるまえに、ナポレオンはダヴィドの工房を訪れ、これと対面した。そして即座に、同様の絵を三枚制作するよう、ダヴィドに注文した。ナポレオンが自身の肖像画を自身で注文した、これが最初の事例である。

もともと絵画に関心が薄かったとおもわれるナポレオンが、なぜ豹変したのだろうか。ドレクリューズの回想録を信じれば、ダヴィドの絵に、自身の才智が「生き生きと描かれて」いると感じたからだろう。

ナポレオンがイタリア戦役時に身につけていた軍服と帽子の実物を、ダヴィドは提供されていた。しかし、峠という場と騎馬姿は、ダヴィドが選定した。そして、騎乗のナポレオンを、若き英雄姿に描いたのである。雪どけが始まったとはいえ、五月のアルプスの峠は、まだ氷雪に覆われている。そんな場所で、しかも烈風が吹きすさむなか、馬を後ろ足で立たせれば、危ないことこのうえない。職業軍人なら、けっしておこなわないことだろう。片手だけで手綱を持ち、しかもその手綱が風であおられているように描かれているが、両手で手綱を引きしめないと、山道で馬に適切な合図が送れない。鐙（あぶみ）もしっかりと踏まないと、山越えはできない。この絵は、乗馬のこうした基本動作を無視し、徹頭徹尾、格好良くナポレオンを描いているのである。

図6-2　ポール・ドラロッシュ作『アルプスを越えるボナパルト』1850年，ウォーカー・アート・ギャラリー（リヴァプール）蔵．ラス・カーズの『セント・ヘレナ回想録』によれば，馬でなく雄ラバに乗り，ガイドに轡をとってもらってアルプスを越えたと，ナポレオン自身が口述（1816年9月3日付）している．

サン・ベルナール（英語名セント・バーナード）峠という場所の選択も、きわめて意図的である。現在の日本では遭難救助犬の名前で有名な峠だが、古来よりヨーロッパでは、ハンニバルとカール大帝がイタリアへ侵攻したさいに通った峠だと考えられてきた。戦象を率いた古代の英雄と、西ヨーロッパの広大な領域を支配した中世の英雄。この二人と結びついた「記憶の場」なのである。そしてダヴィドは、馬の足元に岩を配し、そこに二人の名前とならべて「ボナパルト」と刻んだ。古代と中世の英雄につづいて、現代の英雄が現れたことが言祝(ことほ)がれているのである。

三枚の絵は、一八〇一年中に完成した。そして、ブリュメールのクーデタがおこなわれたサン＝クルー城内に、その一枚が飾られる。ナポレオンが権力の座に就いた起点である。

二枚目は、パリのアンヴァリッド館内図書室に配置された。廃兵院と訳されることもあるアンヴァリッド館は、一七世紀のルイ一四世代に創建された、傷病兵や引退老兵用の施設である。両次イタリア戦役の負傷兵たちも、ここに収容されていた。ナポレオンの権力基盤である軍隊への配慮がうかがえる展示措置である。

そして三枚目は、第二次イタリア戦役で再興されたチザルピーナ共和国の首都ミラノの宮殿に送られた。従属国の現地支配層に、ナポレオンの存在をつねに可視化させようとしたのだろう。

四枚のナポレオン英雄絵画が完成したとき、フランスは、ヨーロッパ大陸に交戦国をもはや抱えていなかった。イタリア方面でナポレオン率いるフランス軍に敗れていたオーストリアが、一八〇〇年一二月にはライン川方面でも敗退し、翌一八〇一年二月に講和を余儀なくされたのである。オーストリアは、第一次イタリア戦役で結んだカンポ・フォルミオ講和条約を再確認せざるをえなかった(リュネヴィル講和条約)。

こうして第二回対仏大同盟が瓦壊した。ナポレオンにとって残る敵対国はイギリスだけとなったのである。

神の利用

「(ナポレオンは)信心深いわけではなかった。カトリック信仰の固有教義に、ほとんど好感を抱いていなかったようである。しかしナポレオンは、社会の基盤をなすものとして、そしてイデオロギーによる鎮痛剤として、カトリック信仰の有用性をはっきり見て取っていた。」(ジェフリー・エリス)

これは、今世紀のナポレオン研究者の手になる一文である。じつのところ、ナポレオンの宗教心は政治的意志の下位にあったとか、他者の宗教心を統治に利用したのだ、というこうした見立てに、一九世紀当時から現在にいたるまで、異論が唱えられることはない。

ゲーテも、親交を結んでいた作家エッカーマンとの対話のなかで、つぎのように語っている(一八二九年四月七日)。

「この目録を見て注目すべき点は、書物をさまざまな項目に分類する方法だ。たとえば、『政治』の項目には、『旧約聖書』『新約聖書』『コーラン(クルアーン)』などがあげられている。このことから、ナポレオンが宗教的なものをどういう観点から眺めていたかが、わかるね。」(山下肇訳)

この目録とは、ナポレオンが一七九八年のエジプト遠征にさいして、地中海航海中の読書用にと、旗艦オリオン号に積ませた大量の図書の一覧である。

対外戦争に踏みきるなら、国論の一致が肝要である。政治家ならだれでも考えることだろう。イギリスとの武力対決の可能性が大きくなっていた一八〇一年、ナポレオンは、革命勃発以来の、長期かつ最大の国内対立と言ってもよいカトリック教会問題に取り組んでいた。そして解決策は、自身の宗教的立場などにこだわらず、他者の信仰心を政治的に利用することに求められたのである。

聖職者に憲法への忠誠宣誓を求める聖職者民事基本法が制定されたのが一七九〇年八月。それ以降、聖書以外のものに忠誠を誓うことを拒否した聖職者の多くが、亡命を余儀なくされた。

そして、ローマ教皇も宣誓僧を批判したため、カトリック信仰の篤い農民たちのあいだで、革命政府への反感が根強く続いたのである。王党派は、ここに失地回復の機会を見いだし、さらにイギリスが、王党派を金銭的にも軍事的にも支援したのである。

これにたいしてナポレオンは、王党派と農民の分断を企図し、ローマ教皇との和解の道を探った。その最初の動きは、第二次イタリア戦役中の占領地において、早くも見られる。マレンゴの会戦後の一八〇〇年六月一八日、ナポレオンはミラノ司教座聖堂（ドゥオーモ）でのミサに姿を現したのである。ナポレオンは、パリにいる統領二人に宛てて、つぎのような短信を書いている。

「パリの無神論者たちが何かと言うだろうが、わたしは今日これから、ミラノで歌われるテ・デウム（聖歌）の大式典に出る。」

和解を求めるナポレオンからのこうした穏便なサインは、北部イタリアに展開するフランス軍による軍事的威嚇とセットになっていた。硬軟織り交ぜてのアプローチに、ローマ教皇庁側も交渉に応じた。

コンコルダート

そして一八〇一年七月一五日、コンコルダート(政教協約)が結ばれた。ローマ教皇とフランスとのあいだで約三〇〇年ぶりに改訂された今回の協約の要点は、四つあった。

第一に、教皇は、これまでのフランス王国に替えてフランス共和国を承認する。これは、王党派にとって、カトリック農民層への影響力喪失につながる一大打撃だった。

他方でフランス共和国は、カトリックがフランス人大多数の宗教であることを承認する。これが第二の要点であり、革命期のカトリック迫害に幕が引かれたのである。

第三に、教皇は、革命期に没収された教会財産の返還を求めないことに合意した。教会財産を継承していたブルジョワ階層と農民にとって、最大の懸案がこれによって解消した。

その見返りに、聖職者はフランス共和国から俸給を支給される存在になった。これが第四の要点である。これは、教会を国家の保護下に置くと同時に、司教・司祭の指名権をフランス共和国が確保したこととあいまって、教会を国家に従属させる措置でもあった。

結局のところ、コンコルダートは、フランス革命に打たれた終止符のひとつだった。私有財産権の不可侵という、ブルジョワ革命の眼目が、ローマ教皇からお墨付きを得たのである。

「パリの無神論者たち」からの批判を覚悟したうえで、統治の安定化を優先させたナポレオンのこの決断の背景には、コルシカ島での挫折の経験があったのかもしれない。第一章で述べた、一七九二年四月、聖職者民事基本法に反対する島民デモにむけた武力規制の行き過ぎを批判され、島から退避しなければならなくなった事件である。この経験が、エジプト遠征時におけるイスラーム尊重策となり、さらにコンコルダートにもつながったのだろう。信仰心に篤い人びとを統治する方策のひとつを、ナポレオンは挫折から学んだように思われる。

ともあれ、締結されて最初の復活祭にあたる一八〇二年四月一八日、コンコルダートが公告された。革命期にパリ民衆によって損壊され、ワイン倉庫に転用されていたパリ司教座聖堂（ノートル＝ダム大聖堂）がカトリック教会に返還され、そこで公告の大式典が開催されたのだった。統領政府の高官や将軍たちとともに、第一統領夫妻の姿もそこにあった。

浮気性だったジョゼフィーヌは、ナポレオンがエジプトから帰国して以降というもの、ファーストレディーに求められる貞淑な生活を送るようになったと、どの伝記作家も指摘する。そしてまた、そのようなジョゼフィーヌとのあいだに子どもができないことに、ナポレオンは釈然としない思いを抱きはじめたとも言われている。手にする地位や権力が大きくなればなるほど、そして、それを継承させる実子がいなければいないだけ、そうした思いはつのるのだろう。

ともあれ、一八〇二年六月に、ナポレオンを終身統領とすることの是非を問う国民投票がおこなわれた。賛成が約三五七万票、反対が約八〇〇〇票という結果だった。今回も賛成票が水増しされたと考えられているが、それでも実際の賛成票は約二八〇万に達していたと推計されている。コンコルダートに国民の多くが賛意を寄せたことが、こうした票数からうかがえる。

天の高みへ

コンコルダートにより国内を固めたナポレオンにたいして、イギリスが歩みよってきた。そして、イギリス政府からの和平交渉の呼びかけに応じるかたちで一八〇一年九月三〇日にロンドンで仮協定が結ばれ、さらに翌一八〇二年三月二五日、フランス北部のアミアンで講和条約が締結された。こうして、およそ一〇年ぶりに、戦火がヨーロッパで収まった。

条約の骨子は、両国がそれぞれの占領地から軍を退く、というものだった。フランスは、イタリアの中部と南部に展開させていた軍隊を撤退させ、イギリスは、ケープ植民地をバタヴィア共和国(現在のオランダにあった、フランスの従属国)に返還し、マルタ島からの撤退も約束したのだった。

条約交渉の過程で議論にあがったもうひとつの場所が、エジプトだった。一七九九年にナポレオンが去ったのち、結局、エジプトに残留していたフランス軍は、一八〇一年八月にイギリス・オスマン帝国軍に降伏し、一一月に、イギリス艦隊によって本国に送還されていた。アミアン講和条約で、イギリスはエジプトからの撤退も約した。

しかし、アミアンの講和がもたらした安穏は、一時的なものだった。両国ともに条約をほとんど履行しないままに一年が過ぎ、たがいに相手の条約不履行を非難し緊張が高まっていった。そして、一八〇三年五月一六日、イギリス海軍が自国の港および沖合にあったフランスとバタヴィアの商船を拿捕したことが直接の契機となり、ふたたび両国は宣戦を布告した。しかし両国とも、大軍でもって相手領土へ侵攻するほどの体制はまだ整っていない。

ナポレオンは、近い将来の本格的開戦に備え、国内体制を固めることにますます力を注ぐ。それは、ナポレオン個人に権力をいっそう集中させ、上意下達の軍隊式国家を育成することだった。ナポレオンは終身統領から、さらに高い地位を目指すようになる。もはや、国王か皇帝しか考えられない。

だが、国王という選択はありえなかった。フランス革命で倒されたブルボン王政を想起させる地位だからである。一方、ヨーロッパにおいて「皇帝」とは、一部族や一民族の首長である「王」よりも上位にある概念であり、地中海世界やヨーロッパ世界といった地域世界の支配者を意味していた。一八〇三年時点でフランスは、オランダ、ベルギー、北部イタリアを勢力圏に収めており、ナポレオンが皇帝を名乗っても、王党派などから、概念と実態のずれを嘲笑されるおそれはなかった。

一八〇四年五月三日、護民院はナポレオンを「フランス人の皇帝であり、その帝位は親族において世襲される」と宣言した。そして五月一八日、元老院が皇帝ナポレオンの誕生を宣言した。一一月に世襲皇帝制の是非を問う国民投票がおこなわれ、公式報告によると、投票率は約五〇パーセント、賛成票は約三五〇万、反対票は二五七九だった。かくしてフランス共和国は、フランス帝国となったのである。

一二月二日に、ナポレオンはパリのノートル＝ダム大聖堂で、皇帝即位の聖別式をおこなった。一般には戴冠式と呼ばれるが、ヨーロッパにおける国王・皇帝の即位式は、君主がキリスト教によって神聖な存在とされることに要点があり、歴史学研究では聖別ないし成聖と訳すことになっている。

ナポレオンは聖別式において、コンコルダートを称揚したあと、平等・自由とならべて国有財産売却の不可侵性をあらためて宣言した。こうした宣言もまた、フランス革命に何度も打たれる終止符の、そのひとつだった。

また、この式典には、歴代フランス王の聖別とは一線を画す仕掛けが二つあった。従来、フ

図 6-3 （上）ダヴィド作『皇帝ナポレオン 1 世の聖別式と皇妃ジョゼフィーヌの戴冠式』1805-1807 年，ルーヴル美術館蔵．教皇でなくナポレオンが，ジョゼフィーヌに冠を与えている．（下）ダヴィド作，素描『みずから戴冠するナポレオンと，その後ろに座す教皇』1805 年，ルーヴル美術館蔵．ナポレオンは左手に剣を握っている．君主位を，神から授けられたのではなく，自身の力で得たことを表す所作である．

ランス王の聖別式のほとんどは、パリの東方にあるランスの司教座聖堂でおこなわれてきた。フランス王の聖別式は、これまで一度たりとも、パリのノートル＝ダム大聖堂でとりおこなわれたことがなかったのである。

もうひとつは、聖別が従来どおりの形式ではおこなわれなかったことである。ローマ教皇ピウス七世が式典に招かれたが、ナポレオンは、教皇からではなく、みずからの手で、金の月桂冠を頭に戴いたのである。ナポレオンは教皇に頭を垂れることがなかった。

海での敗北、陸での勝利

国内体制を固めたナポレオンは、対外戦争にのめり込んでいく。海では、イギリス上陸作戦が計画され、英仏海峡を臨むブローニュに一大軍事基地が建設された。陸では、総勢五〇万人にもおよぶ大陸軍（グランド・アルメ）の編成が企図された。こうして、徴兵制度の整備・拡充とともに、兵員適齢男性の三〇パーセントが軍務につくようになる。

ナポレオンを戦争に駆りたてた動機のひとつは、こうした軍備増強に起因する財政負担の重荷だったと、多くの歴史家は考えている。総裁政府が一七九六年にオーストリアとの戦いを望んだのと同じ動機である。戦争に勝てば、占領地に巨額の賠償金や税金を課すことができる。

実際、第一次イタリア戦役で勝利を収めたナポレオンは、多額の金を国庫にもたらした。こうした成功体験が、ナポレオンを突き動かしてもいたのだろう。戦争への備えが戦争をもたらしてしまった、とも言える。

皇帝聖別式から半年たらずの一八〇五年四月に、ナポレオンはブローニュに一八万人の軍兵を集結させた。危機を感じたイギリスは、ロシアとオーストリアなどを誘い第三回対仏大同盟を結成する。これをうけ、ナポレオンは、イギリス上陸と対オーストリアの、両面作戦を実行する。

だが、イギリス上陸作戦は、発動早々に頓挫した。英仏海峡の制海権を握ろうとしたフランス・スペイン連合艦隊が、一〇月二一日、スペインのトラファルガル岬沖の海戦で、イギリス軍に大敗を喫したのである。

一方、陸ではナポレオン自身が大軍を率いて九月にオーストリアへむかった。そして、両次イタリア戦役とおなじように、ナポレオンは大勝を収める。最大の決戦が、一二月二日の「アウステルリッツの戦い」だった。オーストリア皇帝とロシア皇帝も戦場に現れたので三帝会戦とも呼ばれることになる戦いである。

「兵士諸君に告ぐ。わたしは諸君に満足している。……ロシアとオーストリアの皇帝に率いられた兵一〇万の軍隊は、四時間たらずで分断、あるいは蹴散らされた。……講和は、もはや遠くない。しかしわたしは、ライン川を渡る前にわが人民に約束したように、われわれに賠償金を支払い、われわれの同盟国に報償を保証してくれるような講和しか、結ばないであろう。」

これは、一二月三日付でナポレオンが出した戦場布告である。ここには、戦争目的が如実に書かれている。そして、たしかにナポレオンは、そういう講和を、一二月二六日にオーストリアと、プレスブルク(現在のスロバキア首都ブラチスラヴァ)において結ぶことになる。第三回対仏大同盟は、かくして瓦解した。

現地妻

翌一八〇六年の秋、ナポレオンはプロイセンとの戦争に突入する。対仏大同盟(第四回)がまたしても結成され、そして昨年とおなじようにナポレオンが大勝した。イエナでプロイセン軍を破り(一〇月)、アイラウの戦いではプロイセン・ロシア連合軍に苦戦するものの辛勝を収め(一八〇七年二月)、そしてフリートラントでふたたび連合軍と会戦におよび、こんどは一方的に勝利したのである(六月)。ナポレオンは七月、ロシアおよびプロイセンと、個別に和約を結んだ(ティルジット講和条約)。

同じ町で結んだ条約だったが、ロシアとプロイセンの取り扱いは極端に異なっていた。ナポレオンは、将来の対英軍事同盟国となるよう期待していたロシアにたいしては、領土の割譲も賠償金も求めなかった。しかしプロイセンは、領土・人口ともに半減を強いられ、一億二〇〇〇万フラン（現在の円貨だと約九六〇〇億）という莫大な賠償金も課せられたのだった。

そして、プロイセンが失った南東部の旧領地にはワルシャワ公国が、西部の旧領地にはヴェストファーレン王国が、それぞれ建てられた。といっても、両国ともに、フランスの事実上の従属国である。

このプロイセンとの戦争および戦後処理で、ナポレオンは二年近くパリを留守にした。そして戦地からジョゼフィーヌに、こんな手紙を送ることもあった。現ポーランド西部の町ポズナンからの私信である。

「この町の舞踏会に行ってきました。今、雨が降っています。わたしは元気です。君を愛している。君が欲しい。……毎日、夜は長く、ひとりぼっちです。」（一八〇六年一二月二日付）

この日は皇帝即位の二周年かつ「アウステルリッツの戦い」一周年であり、祝賀式典と舞踏会がおこなわれたわけである。

ナポレオンがほんとうに毎晩独り寝だったかは、もちろんわからない。知られていることは、この日からおよそ一か月後、既婚のポーランド人貴族女性を一目見るなりナポレオンは心を射貫かれ、彼女を愛人にしてしまうことである。

この女性、名をヴァレフスカ伯爵夫人マリアと言い、ポーランド人の政治指導者たちから、ナポレオンの愛人になることを、なかば強制されたのだった。当時のポーランドは、プロイセン・オーストリア・ロシアによって三分割されており、国土を回復して独立することが希求されていたのだった。女性を貢ぐことで、独立への支援をナポレオンから得ようという魂胆だった。このときマリアは二〇歳、夫のヴァレフスキ伯爵は六六歳。ポーランドの名門貴族である伯爵も、妻がナポレオンの愛人となることを承諾した。

最初はいやいやながらの愛人生活だったが、やがてマリアは、ナポレオンを愛するようになり、そしてナポレオンもまた、数多くいた愛人のなかではマリアを一番愛おしんだと、さまざまな伝記本は語っている。

ワルシャワ公国は、ふたりのこうした関係があったおかげで建国されたのだろうか。物語作家ならそうも考えるだろうが、それを裏付けてくれる確かな資料はない。

離婚と結婚

一八〇四年に世襲制の皇帝になり、その後も、複数の国・民族を治めるという、理念通りの皇帝になったナポレオンは、世継ぎ問題を、これまで以上に真剣に考えるようになる。もちろん、この問題のそもそもの出発点は、皇后ジョゼフィーヌとのあいだに子どもが生まれないことにあった。

ナポレオンが男性不妊症だったわけではない。すくなくともナポレオンは、そうでないと思っていたはずである。なぜなら、対プロイセン戦争遂行中の一八〇六年一二月一九日、パリに住む愛人エレオノール・ドニュエルとのあいだに、男児を授かったからである。

しかしナポレオンには、自身の名前の一部をとってシャルル＝レオンと名づけたこの子を、世継ぎにする考えはなかった。エレオノールは既婚女性で、詐欺罪で服役中の夫との離婚が成立するのは同年四月二九日。つまり、離婚前の女性との、いわゆるダブル不倫による婚外子だったからである。当時のフランスでは、嫡子と婚外子とのあいだに、権利上の大きな差違があり、ナポレオン自身が制定に努めた「フランス人の民法典」（一八〇四年三月公布）からして、婚外子に相続権を認めていなかった。

ナポレオンの最初の子が、シャルル＝ナポレオンではなく、シャルル＝レオンと名づけられたのは、こうした婚外子という事情があったからだと推定されている。そしてナポレオンは、エレオノールに年金を与え、さらに士官との結婚を仲介することで、母子を遠ざける。

ナポレオンは、ジョゼフィーヌが加齢とともに不妊症になったと考え、おそくとも一八〇七年秋には、離婚したうえであらたな皇后を迎えることに思いをめぐらし始めたようである。一一月五日付で、ナポレオンはつぎのような書簡を、警察大臣ジョゼフ・フーシェに送っている。全国に密偵網を張りめぐらすだけでなく、ナポレオンの私生活まで監視していたとされる人物である。

「あなたが正気とは思えないことをしているのが、二週間ほど前から、わたしの耳に入っている。そんなことは、もう止めるように。あなたにはまったく関係のないことに、直接であれ間接であれ、首をつっこむのは終わりにするように。これは、わたしの命令である。」

離婚工作に入ったフーシェを叱っているわけだが、情報に通じている警察大臣がしていることだ。フーシェは、ナポレオンの心中を忖度したのだろう。心のうちを見透かされ、ナポレオンは腹立たしかったのかもしれない。

ともあれ、世継ぎ問題がくすぶりつづけるなか、一八〇九年、あらたにイギリスとオーストリアが対仏大同盟(第五回)を結んだのをうけ、ナポレオンはふたたび東へむかった。

オーストリア軍との今回の戦いは、前回以上の損失をフランス軍に強いたが、ナポレオンはウィーンを占領(五月一三日)、そしてヴァグラムの戦い(七月五―六日)で辛勝を収める。

ウィーン占領後そうそう、ナポレオンは、ヴァレフスカ伯爵夫人マリアを呼びよせた。そして九月、マリアから、子を宿したことを告げられる。しかし、マリアとの子も、やはり婚外子である。世継ぎの候補にはならない。

並行してナポレオンはオーストリアと講和交渉をすすめ、領土の割譲と賠償金を課す厳しい和約を、ウィーンのシェーンブルン宮殿において結ぶことができた(一〇月一四日)。

そしてこの段階で、ナポレオンは離婚を決断し、オーストリア皇帝フランツ一世と同盟を結ぶために、その長女マリー＝ルイーズ一八歳との結婚を決めた。

帰国したナポレオンは、一一月三〇日、チュイルリー宮殿内の自室でジョゼフィーヌに離婚の意志を告げる。

そして翌一八一〇年四月一日、ナポレオンはサン＝クルー城内でマリー＝ルイーズとの結婚式典をとりおこなった。

ナポレオンはジョゼフィーヌに高額の年金を保証し、城館マルメゾンも与えた。

ヴァレフスカ伯爵夫人マリアは、五月四日に男児を産む。ナポレオンはマリアにも、多額の年金と、イタリアに広大な地所を与えた。男児はヴァレフスキ伯爵の子として育てられることになる。

ナポレオン帝国

一八一一年三月二〇日、マリー＝ルイーズは男児を出産した。ナポレオンが待望してやまなかった世継ぎの皇子の誕生である。この子は、生まれながらにしてローマ王の称号を与えられた。神聖ローマ帝国において皇太子の称号となっていた「ローマ人の王」を想起させる、そんな称号である。

そしてこの年は、フランス帝国が、もともと従属国だったオルデンブルク(中心が現在のドイツ北西部にあった)を併合したことにより、最大版図を擁するようになった年でもあった。人口も約四四〇〇万をかぞえる大帝国である。そして、周囲には多数の従属国。さらに、ローマ王誕生を機に、オーストリアと同盟関係にも入った。クーデタから十余年にして、ナポレオンは、大陸において比肩する者がいない、まさしく覇者となったのである。(巻頭地図参照)

歴史研究では、フランス帝国本体と従属国を、合わせて「ナポレオン帝国」と呼ぶ場合がある。フランス帝国が、内政においても従属国との関係においても、ナポレオン個人の言動や性格によって特徴づけられていた、と考えるからである。

たしかに、ナポレオンぬきにこの二つの帝国を語ることなどできない。では、ナポレオンは、フランス帝国本体が最大版図となる一八一一年までに、帝国になにをもたらしたのだろうか。その統治の特徴はどのようなものだったのだろうか。

第7章
時代のはざまに生きる

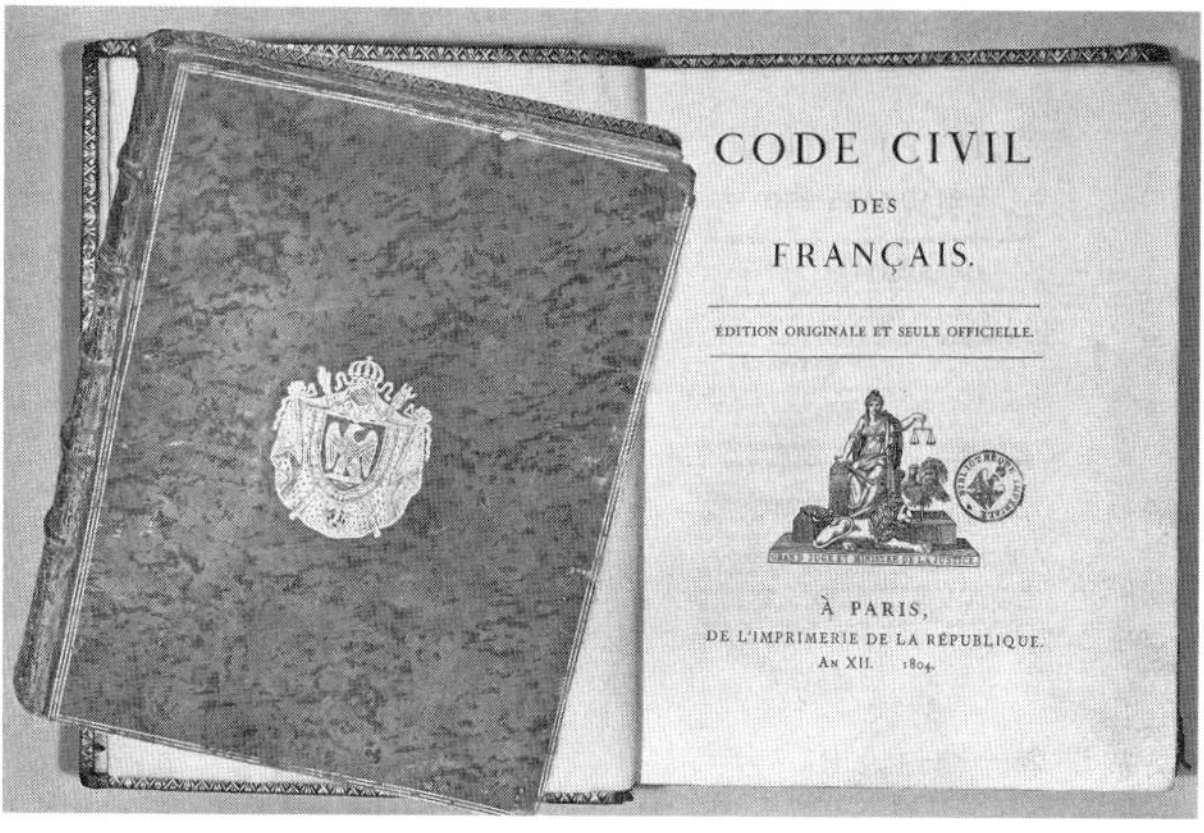

1804年(共和国12年)に制定された「フランス人の民法典(Code Civil des Français)」は，私有財産権の不可侵，法の前の平等，経済活動の自由などを規定し，近代市民社会における民法の基本となった．

そして，従属国にも適用されるようになったことと，ナポレオンが専政傾向を強めたこととがあいまって，1807年に「ナポレオン法典」と改称された．

この一冊は，1804年に「フランス人の民法典」として印刷・刊行され，後年に「ナポレオン法典」として装丁しなおされたものである．表紙に，ナポレオン皇帝家の紋章(中央に鷲)が刻印されている．Bridgeman Images／時事通信フォト

ナポレオン法典

「時代に遅れていると同時に、時代に先駆けてもいた人物、それがナポレオンだった。彼は最後の啓蒙専制君主であると同時に、近代国家の預言者でもあった。」(ルイ・ベルジュロン)

これは、ナポレオン時代の政治・経済・心性の各構造に通じた歴史研究者の言葉である。一九七二年に刊行された古い研究だが、今日にいたるまで、多くの研究者はナポレオンのなかに、こうした近世的なものと近代的なものとの二重性を見てきた。

実際、ナポレオンの功績として特筆される「フランス人の民法典」からして「時代に遅れていると同時に、時代に先駆け」たものだった。

この民法典は「万人の法の前の平等」「私有財産権の不可侵」「経済活動の自由」などを定め、フランスが、ひとつの法体系によって秩序立てられる近代市民社会へと進む扉を開いた。革命前のフランスは地域ごとに異なる多数の法体系が併存しており、それらを統一したうえで、革命の成果である自由・平等を法の上に固定したのである。

そのうえ、こうした統一民法典の制定に、ナポレオンが早い段階で尽力したことも確かである。ブリュメールのクーデタからまだ一年も経過していない一八〇〇年八月に、ナポレオンは民法典起草委員会を設置した。そして、四か月後に提出された草案を、国務院(法律案などの諮問機関)内に設けた立法委員会で一〇二回にわたって審議させ、そのうちの五七回の会議にナポレオン自身が出席し、みずから議長を務めて法典のとりまとめに寄与したのである。ナポレオンが時代に先駆けていたことは、まちがいない。

東ローマ皇帝ユスティニアヌス一世が六世紀に編纂させ、その後のヨーロッパにおいて法学者たちから尊重されてきた『ローマ法大全』を、ナポレオンは士官学校時代から青年将校時代にかけて読破しており、その核心部分であれば暗唱できたという。そしてこの知識が、立法委員会において法学者たちの多様な意見をとりまとめていくうえで、おおいに役だったと言われている。ここにもまた、幼年時代以来のたゆまぬ読書の力を見ることができるだろう。

民法典は三六の法律案にまとめられ、ひとつずつ議会で可決されていく。そして、ナポレオンが皇帝となる年、一八〇四年の三月二一日に公布された。

その後「フランス人の民法典」は、従属国にも適用されることになり、名称がナポレオン法典に改められた(一八〇七年九月)。従属国の国民はフランス人ではないからだが、あえて「ナポレオン」の名が付されたのは、フランス帝国の個人専制的な性格が強まったことを意味している。『ローマ法大全』、とくにそのなかの「勅令集」が、編纂命令者である専制君主の名をとってユスティニアヌス法典と通称されてきたことと、軌を一にしている。

権利の逆戻り

すでに絶対王政を倒した国にあって、このような専制の復活は「時代に遅れている」と評価されていたしかたないものだろう。しかも、ナポレオンが陣頭指揮をとったこの民法典の中身そのものにも、時代に遅れている要素があった。

そうした要素のなかで、近年つよく指摘されるのが、夫婦間の権利不平等の問題である。「新しい立法からもっとも大きな被害をこうむったのは妻の地位である」（フランソワ・フュレ／モナ・オズーフ編『フランス革命事典４　制度』）というのが、あらゆる研究者の見立てである。

民法典は、一方からの離婚の申し立ては姦通の場合にのみ可能としたうえで、妻側の姦通については内容を問わないにもかかわらず、夫側の姦通については「愛人を夫婦の住居に住まわせた場合」だけ、妻は離婚を申し立てることができる、としたのである。

民法典のこの離婚規定は、時代に遅れているどころか、時代を逆戻りさせたものでさえあった。というのも、革命期の一七九二年九月に成立した離婚法では、性格の不一致を事由にする、どちらか一方からの離婚の申し立てが認められていたからである。

さらに民法典では、既婚女性は法的無能力者とされ、訴訟能力が認められず、夫の協力または書面による同意なしには、財産の贈与・譲渡、そして抵当権の設定をすることもできなかった。民法典は、両性の平等という、近代社会の通則からおおきく後れをとっている一面があったのである。

民法典の運用についても、大きな問題があった。民法典は植民地にも導入されたが、「万人の法の前の平等」という近代社会の大原則は、現地の白人を中心とする、フランス国籍取得者のみが享受できたのである。カリブ海の西インド諸島では黒人奴隷制度が温存され、かれらは民法典の埒外に置かれた。そしてここでも、ナポレオンは時代を逆戻りさせている。

一七九四年二月四日の国民公会で植民地における奴隷制度の廃止が決議されていたのだが、ナポレオンは、一八〇一年一二月から翌年二月にかけて、フランスにとって最重要な砂糖植民地だったサン゠ドマング(イスパニオラ島の西側三分の一で、現在のハイチ)へ、同盟国のスペイン軍と合わせて三万を超す大軍を派遣する。当時、全島で黒人奴隷の蜂起がひろがっており、それを鎮圧し、奴隷制度をふたたび打ち立てるためだった。事実、一八〇二年五月二〇日、ナポレオンは植民地での奴隷制度復活を布告する。

サン＝ドマングでは黒人蜂起の勢いが強く、黄熱病の猛威もあって、一八〇三年一二月までにフランス・スペイン連合軍は撤退。それに先だつ四月、ナポレオンはアメリカ合衆国の求めに応じ、ルイジアナ植民地さえ売却している。サン＝ドマングを失えば、そこへの糧食・物資供給地だったルイジアナの重要性が大幅に低下するからだった。

こうして、一八〇四年一月一日、ハイチが世界史上最初の黒人共和国として独立をとげる。しかし、西インド諸島の他のフランス植民地では、ジョゼフィーヌの故郷であるマルチニック島をふくめ、黒人奴隷制度が再確立された。

ジョゼフィーヌがナポレオンに奴隷制度の復活を働きかけたわけではない。西インド諸島の砂糖農園主たちがジョゼフィーヌに復活請願をおこなったと言われているが、ジョゼフィーヌがそれをナポレオンに取りついだことを示す資料はない。確かなのは、奴隷制度廃止という、近代世界の大きな流れに、ナポレオンは棹さそうとしなかったことである。

業績主義と血族主義

一八〇〇年八月にナポレオンが民法典起草委員会を設置したさい、その四名の委員の人選は適材適所を得ていたと評価されている。各人とも経験豊かな法学者だったことにくわえ、異なる法体系（慣習法と成文法）下にある地域からそれぞれ二名を選んだのである。法体系の統一を現実的に推進しようとするなら、きわめて妥当な選出である。

ナポレオンは、大臣の人選にあたっても、能力を優先していた。その好例が、外務大臣のタレーランと、警察大臣のフーシェである。

タレーランは、およそ一五年間のナポレオン体制下で、半分以上の長きにわたって外相を務めた。その前の総裁政府期も外相の職にあり、そしてナポレオン退位後に、みたび外相となる人物である。その外交手腕は、イギリス・オーストリア・ロシアからも一目置かれていた。

タレーランよりも長く大臣職にあったのが、ブリュメールのクーデタ前の一七九九年七月から警察大臣を務めていたフーシェである。そしてこのフーシェ、異能ともいえるほど優秀な人物だった。その有能さをもっともよく表しているのが、ナポレオン暗殺未遂事件の捜査である。

一八〇〇年一二月二四日、クリスマス・イヴの夜、ナポレオンとジョゼフィーヌがパリのサン＝ニケーズ街を馬車で劇場へむかっていたとき、爆弾テロが発生。第一統領夫妻はすんでのところで無事だったが、死傷者三六人をだした大事件だった。ナポレオンをはじめ、政権のおもだった者たちは当初、山岳派による犯行だと考えていた。だが、実際には王党派が仕組んだテロであり、このことを緻密な捜査でもって証明したのがフーシェだったのである。

フーシェは、公費だけでなく私費まで投じて、多数の密偵を雇い、情報提供者も数多く確保していたらしい。後年の近代国家で組織される秘密警察の、その原型を作ったのがフーシェだとされる。こうした手法は近代国家の暗黒面なのだが、統治者にとってはたのもしいことこのうえない。フーシェは、ナポレオン体制期に、九年以上も警察大臣の任にあった。

有能で実績のある人間を重要ポストにつけるというのは、近代社会における労務管理の基本である。ナポレオンは、血縁や姻戚によって処遇を決定する近代以前の考え方にたいして、一線を画していたと言えるだろう。

図7-1　グロ作『第一統領ボナパルト』1802年，レジオン・ドヌール勲章博物館蔵.

ナポレオンは、この業績主義を、他者だけでなく自身にも適用していた。そのことを端的に示しているのが、グロ作『第一統領ボナパルト』である。一八〇二年にナポレオン自身が、第二統領のカンバセレスに贈るために制作を依頼したものである。テーブルに置かれている三枚の書類の一番上には、ナポレオンの業績を表す地名と事件名が書きこまれている。上から順に、マレンゴ、パルマ・ピアチェンツァ、トレンティーノ、レオーベン、カンポ・フォルミオ、フィレンツェなどなど。それぞれ、両次イタリア戦役での戦勝・占領地と講和条約締結地である。ついで、アミアン、ブリュメール一八日、コンコルダートと書かれている。

革命以前の国王と異なり、血統ではなく業績によって統治者となった、というナポレオンの自負心を、グロのこの絵は物語っている。贈呈先がカンバセレスであることを考えあわせると、第一統領と第二統領の地位の格差を、業績の差で説明しようとしている、とも言えるだろう。グロは、第二統領に贈るための第一統領肖像画を、という注文を受けただけで、具体的な構図を指示されなかったのだが、ナポレオンの胸中をよく推しはかったのだろう。

とはいえ、ナポレオンは徹底した業績主義者ではなかった。ナポレオンは、兄弟たち（ジョゼフ、ルイ、ジェローム）を従属国の君主に引き上げたのである。また、ジョゼフィーヌの連れ子ウジェーヌを、イタリア王国副王とした。ナポレオン自身がイタリア国王を兼ねていたので、ウジェーヌが事実上の現地君主である。また、もうひとりの連れ子オルタンスは、ルイと結婚

ナポレオンの兄弟・妹・義子と君主位・在位年

ジョゼフ	ナポリ王国(国王)	1806-1808年
	スペイン王国(国王)	1808-1813年
エリザ	ルッカ・エ・ピオンビーノ公国(女公)	1805-1809年
	トスカーナ大公国(女大公)	1809-1814年
	＊両国ともにイタリア北西部に位置	
ルイ	ホラント(オランダ)王国(国王)	1806-1810年
ポーリーヌ	グアスタッラ公国(女公)	1806年
	＊イタリア北部に位置	
カロリーヌ	ベルク大公国(大公妃)	1806-1808年
	ナポリ王国(王妃)	1808-1815年
	＊ベルク大公国はライン川下流域に位置	
ジェローム	ヴェストファーレン王国(国王)	1807-1813年
	＊ドイツ北部に位置	
ウジェーヌ・ド・ボーアルネ	イタリア王国(副王)	1805-1814年
オルタンス・ド・ボーアルネ	ホラント王国(王妃)	1806-1810年

したあと王妃となった。

ナポレオンの兄弟のうち、君主とならなかったのはルシアンだけである。ブリュメールのクーデタを危機の淵から救い、さらに、クーデタ後の新憲法国民投票にさいしては投票数の不正操作を巧妙におこなったルシアンに、統治能力が欠けていたわけではない。むしろ、他の兄弟たちよりはるかに政治手腕があった、というのが大方の研究者の見立てである。だが、ルシアンは共和主義への思いが強く、ナポレオンが皇帝になるにおよんで仲違いをしてしまうのである。

ルシアンをのぞく兄弟を君主に登用したことを見て、伝記本ではよく、ナポレオンは血族意識が強かったと指摘される。兄弟だけでなく、三人の妹のうちエリザとポーリーヌも、女大公や女公の地位を与えられた。ナポレオンの腹心の部下で、末妹カロリーヌと結婚した義弟ミュラ将軍も、大公や国王になっている。こうしたナポレオンの差配には、コルシカ島という、家族意識および一族意識が伝統的に根強い地域で生まれ育ったことが、おおきく影響している、というのが伝記本の強調するところである。

たしかに、そういうこともあるだろう。しかし、華やかな宮廷生活を送らせてやろう、というだけの温情で、ナポレオンは兄弟や妹、義子たちを高位につけたわけではない。宗主国であれば従属国をさまざまなかたちで搾取しようとするもので、ナポレオンも、フランス帝国の利益になるように、従属国を経済的・軍事的に利用しようとした。当然のことに従属国国民の反抗が予想されるのだから、それを抑えてフランス帝国からの指示を従順に守ることが期待できる兄弟や義弟、義子を、君主の座につけたわけでもある。もちろん、兄弟らとの絆に頼ろうとすることもまた、血統主義の本質のひとつではある。

ともあれ、近代的な業績主義だけでなく、血縁を重視する近代以前の血統主義にも、ナポレオンが囚われていたことはまちがいないだろう。

しかし、後者を強調しすぎれば、一九世紀初頭に生きていたナポレオンの姿を読み誤ることになるかもしれない。血統重視での登用というのは、現代の先進工業国のように近代化がすすんだ国にあっても、すくなからず見られることである。むしろ、そういう登用があたりまえであった近代以前の名残りを引きずりつつも、業績主義が当然視される近代社会への戸口にむかって棹さした人物として、ナポレオンは評価されるべきなのだろう。

ルーヴル美術館館長

ナポレオンが人を登用するさいに業績を重視していたことは、美術行政においても、またしかりだった。ナポレオンは、ドノンという、これもフーシェなみに有能な人物を、一八〇二年一一月一日、新設の芸術博物館中央機構総裁に任命したのである。このポストは、もっとも重要な美術館であるルーヴルの館長を兼務する、美術行政部門のトップである。

任命のおよそ八か月前に、ドノンは図版入りの豪華本『ボナパルト将軍麾下の上下エジプト紀行』を刊行していた。もともとドノンは、戦闘および風俗、遺跡を画帳に記録する役目を負ってエジプト遠征に参加した人物である。カイロ以南の上エジプトにも足を踏みいれ、大量のデッサンを抱えてカイロに戻ったのが一七九九年七月。そして一〇月、ナポレオンとともにフランスへ帰国したのである。

この紀行文の初版五〇〇部の予約購入者には、ナポレオンを筆頭に、他の二名の統領、外相、内相など、政界の有力者たちが名前をならべていた。ナポレオンは四六部購入し、エジプト遠征軍の将校たちに贈った。初版は予約だけで完売し、同年と翌一八〇三年には、装丁の質を落とした低廉版が出されもした。

この紀行文には、古代エジプトの遺跡が図版付きで紹介されており、そこに描かれていた建築様式や紋様が、人びとの注目を集めた。一八〇三年からフランスでは、「帝政様式」と呼ばれる、シンメトリーで直線的、かつ重厚な印象を与えるデザインが流行する。まさしく、ドノンが紹介した古代エジプト建造物に見られる特徴である。そして、帝政様式で多用された紋様が、ピラミッドやスフィンクス、そして棕櫚、蓮など、古代エジプト文明を特徴づけるものでもあった。『ボナパルト将軍麾下の上下エジプト紀行』が、帝政様式流行の発火点なのである。

ドノンは、図版家としての才だけでなく、美術に関する知識が豊かでもあった。ドノンは、一七四七年、ブルゴーニュ地方で有名葡萄園を所有していた裕福な貴族の家に生まれ、貴族の素養として重視されていた芸術教育を幼少のころから受けていた。革命前にヴェルサイユ宮殿に出仕し、その後、ローマに外交官として赴任すると、美術への関心が抑えがたく、官職を辞してイタリアで遊学の時を過ごした。画家としての腕はダヴィドやグロほどではないにせよ、鑑識眼は一流であり、美術行政官は適職だった。

ドノンは、ナポレオン体制全期間にわたり、美術行政に辣腕をふるうことになる。その活動のひとつが、主題をあらかじめ決めたうえでの絵画の発注だった。そして、できあがった絵画は年一回ルーヴル美術館内で開催されるル・サロン展で一般に披露されたのち、同館や、ナポレオンの宮廷が置かれていたチュイルリー宮殿などの壁を飾ることになる。

図 7-2　古代エジプト風の砂糖壺(1812年)．ジョゼフィーヌがマルメゾン城館で使用するために作らせたセーヴル焼きの食器セットのなかのひとつ．復古王政が接収し，ワーテルローの戦いでナポレオンを敗退させたイギリスのウェリントン将軍に贈った．ヴィクトリア・アンド・アルバート博物館(ロンドン)蔵．©V & A Images/amanaimages

絵画にくわえて、パリの各所にナポレオン賛美の野外モニュメントを建てることも、ドノンの仕事だった。「カルーゼルの凱旋門」と「ヴァンドームの円柱」がその代表的なもので、それぞれ現存している。前者は、第一次イタリア戦役と、一八〇五年の対オーストリア・ロシア戦での戦勝を祝い、後者(一八〇五年再建)は「アウステルリッツの戦い」を祝勝するものである。絵画が、宮殿に出入りする将軍や文官にたいしてナポレオンへの崇拝心を植え付けようとするものなら、野外モニュメントは都市民衆向けのプロパガンダだといえるだろう。

ドノンのもうひとつの仕事は、対外戦争に従軍し、占領地で接収するべき美術品を選定することだった。こうした美術品が、ルーヴルのコレクションを豊かにしたのだった。

美術嗜好の段差

ナポレオン自身が美術の好みについて具体的に語っている資料は少なく、しかも信憑性のあるものはほとんど存在しないのだが、そのなかでも比較的信頼のおけるものとして、帝室経理局長のダリュに宛てた書簡がある。そのなかでナポレオンは、チュイルリー宮などの各宮殿にかけられているゴブラン織りのタペストリーについて、つぎのように語っている。

「過去一五年間の記憶を永続させうるような主題に芸術が取り組むことを、わたしは願っている。……聖史などといったものではなく、軍隊と国民の輝かしい偉業こそを取り上げるべきであるにもかかわらず、そうできていないことに驚きを禁じえない。それらの偉業こそが、帝

図 7-3 ダヴィド作『サビニの女たち』1799年，ルーヴル美術館蔵．古代ローマ創生伝説が題材になっている．

位の玉座をうち建てたもののはずだ。」（一八〇五年八月六日付）

タペストリーについて指示したものとはいえ、美術全般にたいするナポレオンの考え方が、ここにはよく表れている。近代以前の王侯貴族が教養として愛好した、聖書のエピソードや、ギリシャ・ローマ神話、そして過去の歴史を題材にする作品ではなく、ナポレオンは、同時代の、自身が主人公となる造形作品を好んだのである。

しかも、近代以前の戦争画には、天使や女神といった宗教上の存在が現実の人物と同じ画面に描かれることがあったが、ナポレオンはそのような戦争画を好まなかった。

また、同時代にダヴィドが描いた『サビニ

の女たち』のような、中心人物が全裸で描かれる戦争画も、ナポレオンの好むところではなかった。高徳さを逞しい肉体で表現するという通則が貴族社会の美術観として長らくあり、ダヴィドらの新古典主義もその影響を受けていたわけだが、ナポレオンは、リアルな場景・軍服・武器などを道具立てにして戦勝が美化される、そのような戦争画を好んだ。

ドノンは、ナポレオンの好みをよく了解していたようだ。天使や女神、全裸の将兵をいっさい登場させない戦争画を、国費で大量に発注したのだった。ナポレオンとドノンの関係は、すこぶる良好だった。

しかし、一点の大理石像について、ドノンは大きなミスを犯した。新古典主義の彫刻家で、当代一という評価を得ていたイタリア人アントニオ・カノーヴァの『平和をもたらす軍神マルスとしてのナポレオン』である。

一八〇二年三月にイギリスとアミアンの講和が成った直後、ナポレオンはイタリアからパリへカノーヴァを招聘し、自身の胸像の制作を依頼した。主題は「平和をもたらす第一統領」である。ナポレオンは、一〇月から一一月にかけてパリにやってきたカノーヴァにたいして、五回もポーズをとったと言われている。破格の待遇である。

カノーヴァはローマにもどって制作に取り組み、自身の創作意欲に押されて三メートルをゆうに超える立像にプランを変更。一八〇六年にようやく完成した。

それをカノーヴァの工房で見たドノンは、同年一二月一一日付のナポレオン宛書簡で、設置場所の一例として、ルーヴル美術館内「ローマ皇帝の間」の壁龕を提案した。「そこに置きますと、ローマ皇帝の間に入ったとき、最初に目に飛びこむことになります」、というわけだった。特等席を割りふりたいほどに、ドノンはカノーヴァの作品が気に入ったわけである。

図 7-4 カノーヴァ作『平和をもたらす軍神マルスとしてのナポレオン』1806 年．ワーテルローの戦いに敗れたのち，イギリス政府がこの像を買い取り，ウェリントン将軍に贈った．ウェリントンは，ナポレオンを貶めるために帽子掛けとして使ったと言われている．現在も，ウェリントン公爵家のロンドンでの居宅であるアプスリー・ハウスに所蔵されている．Getty Images

ローマからパリへ巨像を移送するルートの選定に手間どり、『平和をもたらす軍神マルスとしてのナポレオン』がルーヴル美術館に運びこまれたのは一八一一年二月だった。そして、三月一六日付の手紙でドノンは、ローマのカノーヴァに、つぎのように太鼓判を押した。

「皇帝陛下が観覧にお越しになったら、どのような印象をお持ちになったかを、すぐにお知らせします。貴殿の期待どおりに、ご満足されること、まちがいありません。」

しかし、一か月後の四月一二日、内覧のためにルーヴル美術館へ足を運んだナポレオンは、像の公開を禁じた。全裸で、しかもローマ神話の寓意像だったのである。ドノンは、しかたなく、自身が傑作だと評価している作品を倉庫に追いやった。

内覧会に同行していた帝室長ボセが、生前の一八二九年に刊行した回想録のなかで、像を目の前にしたナポレオンの心中を、つぎのように推しはかっている。

「作品として見るなら、唯一無比の美しさだった。しかし、肖像としては、不満な点が多々あった。ナポレオンは、まったく気に入らなかった。肖像作品で裸体というのは、ナポレオンの好みではなかった。」

この逸話からは、宮廷に出仕するような中上級貴族たちに交じって育ったドノンと、それとはほど遠い兵学校で育ったナポレオンとの、美術嗜好の大きな段差がうかがえる。ナポレオンからすれば、実際の戦場で天使が空を舞ったり、武具を身につけない全裸の将兵が戦うなど、許容できないことだったのだ。

もとはといえば貴族出身のナポレオンが、貴族という存在自体を嫌っていたわけではない。ナポレオンは、一八〇八年三月に爵位制度を導入し、旧来の貴族にくわえて、軍人、文官、議員などを叙爵して貴族制度を復活させている。しかし、新貴族に身分的特権は与えられず、革命前の貴族制度とはおおきく異なっていた。

貴族制度を復活させたという意味では、時代に遅れ、貴族趣味や身分制とは一線を画したという意味では、時代に先駆けた人物。それがナポレオンだった。

さて、裸体の肖像彫刻を差しだすという失態を犯したドノンだったが、その後もナポレオンとの関係は良好だった。

「この大モニュメントは、皇帝陛下のご治世にかかわるすべての事柄でもって、飾られる必要がございます。軍事栄光と、帝国の繁栄、政治……。」

これは、シャンゼリゼ通りの西端にあるエトワール(星)広場に建設が予定されていた凱旋門についてドノンが、内務大臣宛ての書簡を通じて、ナポレオンに提示した基本コンセプトの一節である。

この書簡は、一八一一年七月二三日に書かれた。フランス帝国が最大版図を擁するようになった、ちょうどその年である。だが、凱旋門は未完に終わる。帝国は、この年を境にして急激に下降線をたどり、モニュメントを建設する財政的余裕さえ失っていくのである。

では、ナポレオンの幽閉地セント・ヘレナにまで至るその下降線は、どのような軌跡をたどるのだろうか。

第8章
暗　転

ラス・カーズ『セント・ヘレナ回想録』1842 年版，第 1 巻の扉絵(作者はシャルレ).

ナポレオンは，1815 年のワーテルローの戦いで敗れたのち，セント・ヘレナ島に幽閉され，そこで 5 年半後に没した.

島でのナポレオンの言動は，随行者などによる回想録によって，いまに伝えられている．そうした刊行本のなかで，もっとも読まれてきたのが，ラス・カーズの回想録である．おそらく，ほかのものと比べて文学性が高いからだろう.

この回想録は，19 世紀のフランス人青年男子のあいだに，立身出世をとげたナポレオンへの憧憬と，幽閉の身となったことへの同情心を育んだ．そして，こうした経緯が社会観察眼に優れている文学者の注目をひき，『セント・ヘレナ回想録』は，19 世紀フランス文学を代表する二つの小説において，ナポレオン崇拝の青年を造型するさいに利用されることになる.

ひとつは，スタンダールの『赤と黒』(1830 年)．ナポレオン没後の 1820 年代後半から 1830 年を時代背景にして，下層ブルジョワジー出身であるジュリアン青年の恋愛悲劇を描いたものである．ナポレオンのような立身出世にあこがれ，結局は身を破滅させるジュリアン．彼の愛読書が，ほかならぬ『セント・ヘレナ回想録』だった.

もうひとつが，ユゴーの『レ・ミゼラブル』(1862 年)で，ナポレオンがセント・ヘレナに幽閉される 1815 年から始まり，1833 年に終わる大河小説である．主人公ジャン・ヴァルジャンの養女コゼットに恋するマリユスは，最初は王党派，ついで親ナポレオン，最後に反ナポレオンの共和主義へと政治信条を変化させていく．彼がナポレオンを信奉するきっかけのひとつになったのが『セント・ヘレナ回想録』を読んだことだった.

なお，この扉絵では，上部中央に「ピラミッドの戦い」，中央左に「ヴァンドームの円柱」(第 7 章)，同右に「アンヴァリッド館」，下部中央に「セント・ヘレナの墓所」が描かれている.

大陸封鎖

ナポレオンは大陸の覇者となったが、ヨーロッパの覇者というわけではなかった。トラファルガル岬沖の海戦（一八〇五年）以降も、覇権をかけたイギリスとの対立が、決着がつかないまま続いていたのである。

生産・商業・金融面で圧倒的な経済力を有する覇権国家だったオランダが一七世紀末に衰退し、その後はイギリスとフランスが覇権国家の後継争いをおこない、その最終局面がナポレオン体制期だったと、現在の歴史学では解釈されている。

一八〇六年。相手領土へ侵攻するほどの軍事力を、おたがいに持っていなかったイギリスとフランスは、商業戦争という手段に訴えた。五月にイギリス海軍が、アムステルダムなど、ナポレオン帝国の海港を封鎖。それに反撃するかたちで、プロイセン戦役中のナポレオンは、一一月にベルリンで勅令を発し、フランス帝国および従属国がイギリスと通交することを禁じた。

そして一八〇七年。プロイセン・ロシア連合軍にフリートラントの戦いで勝利したナポレオンは、七月に結んだティルジット条約によって、ロシアにベルリン勅令の順守を誓わせたのだった。

また、この同じ七月、ナポレオンは中立国ポルトガルにたいして、ベルリン勅令を受諾するよう迫った。そして、イギリスとの交易で潤っているポルトガルがこれを拒否すると、ナポレオンは一一月に、同盟国スペインの了解のもと、陸路で一軍をポルトガルへ送り、首都リスボンを占領させた。ただし、ポルトガル国王一族は直前にブラジルへ逃れ、イギリスからの援助を受けながら、本土各地でフランス軍への抵抗を企図しつづける。

ナポレオンは、ポルトガルへ一軍を送ったこのとき、同盟国スペインも直接的な支配下に収めようと構想していた、と多くの歴史研究者は考えている。実際、一八〇七年末段階で、ナポレオンは一〇万人以上の兵員をスペインに駐屯させた。ポルトガルへの陸路の安全を確保する目的だけなら、過大な軍勢である。

そして一八〇八年三月一七日、マドリード近郊の離宮地で、国王カルロス四世の統治にたいする不満から兵士・農民・都市民衆による暴動が発生。カルロス四世は、もともと不仲だった皇太子によって退位を強制される。

ナポレオンは、スペイン国内のこの混乱を見て、スペインを従属国とし、イベリア半島全域でベルリン勅令の徹底を図る好機が到来したと考えた。三月二七日付でナポレオンは、弟のホラント(オランダ)国王ルイに宛てて、つぎのような手紙を送っている。

「大陸で大きな動きを起こすことによってしか、イギリスとは安定した平和を取り結ぶことができないだろうから、わたしは、だれかフランスの皇子をスペインの王座に就かせることに決めた。現状を鑑(かんが)みて、わたしはあなたを、その王座にと考えている。」

だが、ルイは王座の横滑りを断った。オランダへの愛着が強かったからだと考えられている。ともあれ、五月、ナポレオンはスペインとの国境に近いバイヨンヌに、カルロス四世親子を呼びだし、巨額の年金と引き替えに、ボナパルト家への王位委譲を承諾させた。そして六月、兄ジョゼフを、新生スペイン王国の君主の座につける。

こうして、大陸の東端から西端まで、海岸線がイギリスにたいして封鎖される体制が整えられたのである。

イベリア半島での消耗戦

この大陸封鎖にかけたナポレオンの狙いは、二つあったと考えられている。イギリス製品およぴ、イギリスを経由する再輸出用の植民地産品が大陸内で販路を得られなくなれば、イギリ

図 8-1　ゴヤ作『わたしは見た』1810-1812 年頃，プラド美術館蔵．避難民が，戦場となった町を，恐怖の面もちで見やっている（ピエール・ガッシエ『ゴヤ全素描』第 2 巻，1980 年，岩波書店より）．

スは深刻な経済危機にみまわれ、とおからず講和を求めてくるだろう。ナポレオンは、そう推論したのである。そして第二の狙いが、イギリス製品に取って替わり、フランス製品のための市場を大陸内に確保することだった。

たしかに、イギリスの対ヨーロッパ貿易は、大陸封鎖後に激減した。しかし、それを補うかたちで大西洋貿易が伸長し、イギリス経済は大陸封鎖に耐えることができた。

むしろ大陸封鎖は、ナポレオンの大陸支配体制を内部から揺るがすことになった、と考えられている。というのも、イギリスほど工業化が進んでいなかったフランスは、安価で高品質な工業製品を、イギリスに替わって大陸市場に供給できなかった。また、大陸諸国の経済は、農産物輸出に依存するロシアやプロイセン、スペイン、ポルトガル、そして中継貿易に頼るオランダやバルト海沿岸都市など、イギリスとの交易が絶たれてしまえば、動揺せざるをえない構造を持っていた。こうして、大陸封鎖への不満が、大陸諸国のあいだで高まっていくことになったのである。

ジョゼフが国王になったスペインからしてそうだった。しかもスペインの場合は、イギリスとの交易を禁じられることへの反発にくわえて、多くの国民の眼にジョゼフは王位簒奪者としか映らない、という事情があった。こうして、ナポレオンによるスペイン支配は当初から、地方の軍組織と、農民や都市民衆、カトリック僧侶といった、はばひろい層からの抵抗に遭遇する。

一八〇八年七月には、イギリス軍がポルトガルに上陸。こうして、イベリア半島でフランス軍は、ポルトガル・イギリス連合軍、スペイン軍、さらに、民衆主体のゲリラを相手に、延々と消耗戦を続けざるをえなくなる。そして、さきのしれないこのポルトガル・スペイン戦役において、フランス兵による蛮行が多々あったことを、ゴヤの版画などにより、現代のわたしたちも知ることができる。

ロシア戦役

ナポレオンはイベリア半島での戦争で、財政上、得るところがまったくなかった。賠償金や税金を課すことができるような安定した占領地を、ひとつとして獲得できなかったのである。むしろ、戦費がかさむ一方だった。

ナポレオンが選んだ打開策は、かつてのイタリア戦役やオーストリア戦役などでの成功体験にうながされ、東方にあらたな占領地を求めることだった。ロシアである。

しかもロシアは、大陸封鎖を厳守せず、イギリスへの穀物輸出をひそかに続けていた。対イギリス戦略上からも、ロシアを屈服させることが、ナポレオンには必要だった。

ロシア皇帝アレクサンドル一世側も、フランスとのあらたな戦争にむけてのほぞを固めていた。国内統治の安定化のためには、フリートラントでの敗北(一八〇七年)の屈辱をそそがなければならないうえに、イギリスとの交易を拡大することも必要だったのである。

こうして、ロシア戦役が一八一二年に始まり、六月、ナポレオンは大軍を率いてロシア領に入った。フランス軍を主体に、オーストリア軍らもくわわった、約四四万人の大軍だった。これほどの軍勢を敵領内で動かすとなると、補給の問題が、きわめて重要になる。ナポレオンは、大会戦による短期決戦を企図した。

図 8-2 フェリクス・フィリッポトー作『モスクワ大火』
(Adolphe Thiers, *Histoire de l'Empire*, 1867 より)

しかし、ロシア側は、ナポレオン軍の抱えている兵站問題という弱点を察知しており、決戦を避けて都市の焦土化で対抗した。ようやく八月にスモレンスクで、そして九月七日にボロディノで会戦となり、いずれもナポレオン軍が勝利。しかし、ロシア軍は余力を保ったまま退却するばかりだった。

九月一五日にナポレオンはモスクワに入る。しかし、ロシア軍は街に火を放ったあとに撤退しており、住民もほとんどが退避していた。副首都モスクワは、廃墟同然だったといわれている。

ナポレオンは講和の話し合いを求めてモスクワに踏みとどまるが、ロシア側からは応答がなかった。冬の到来を前に、ナポレオンは退却を余儀なくされる。

一〇月一九日にナポレオンはモスクワを発つが、この段階で、ロシア軍が追撃戦に打ってでた。ナポレオンは攻撃型の戦闘指揮を得意としていたが、防御型は不得手だったと、軍事史家たちは口をそろえる。事実、ナポレオンにとって最初の大規模撤退戦となったこのロシア戦役後半戦で、ナポレオン軍は、例年にまして早い冬の訪れにもわざわいされ、大敗を喫する。

ロシア領から帰還できた兵員の数については諸説あるが、今日のもっとも優れたナポレオン研究者のひとりであるティエリー・レンツは、帰国したフランス兵の数を、総員の約一割、三万人に満たなかったと推計している。

一二月一八日の深夜、敗残の将となったナポレオンは、チュイルリー宮殿にもどった。

戦禍のブーメラン

翌一九日未明、ナポレオンの帰還が、アンヴァリッド館の祝砲によってパリ市民に知らされた。そしてその日、ナポレオンはチュイルリー宮殿のバルコニーに姿を見せ、民衆の歓呼を受けた。モスクワ戦役の敗北がすでに知れわたっていたが、フランス国民は、まだナポレオンへの信頼を失っていなかったと、多くの歴史家は考えている。ナポレオンは、こうした世論を背景に、軍隊の立て直しに精力的に取り組む。

一八一三年一月一一日に、三五万人の徴兵令が布告された。そして三月、プロイセンがフランスに宣戦し、ロシア軍と連合してドイツへ進撃する事態となり、徴兵が強化された。四月三日付で、一八万人の追加徴兵が布告されるのである。

しかし、八月には、イギリス・プロイセン・ロシアにオーストリアもくわわる対仏大同盟（第六回）が結成された。オーストリア軍はイタリアに侵攻し、イベリア半島でもイギリス軍が優勢になり、スペイン国王ジョゼフはフランスへ逃れる。そして、一〇月のライプツィヒの戦いでナポレオンは同盟軍に敗れ、ドイツにおける支配権を失った。

さらに翌一八一四年一月に入ると、フランス国内が戦場になる。

「敵部隊は、あらゆるところで、おぞましい振る舞いにおよんでいる。町の住民はみな、難を避けようと森のなかへ逃げ込んでいる。そして村では、農民の影さえ、もはやない。敵はすべてを食いつくし、馬、家畜、衣類をすべてかっさらい、農民から、ぼろ服さえ取り上げている。敵は、男であろうと女であろうと、おかまいなく殴りつけ、いたるところで強姦を働いている。」

これは、フランス北東部へ防衛出動したナポレオンが、パリにいる外務大臣コーランクールに宛てて、小都市ピネから送った報告書(二月二日付)である。

かつてエジプト遠征で、そして近くはポルトガル・スペイン戦役で、フランス軍が現地住民にもたらした惨禍。それがいま、フランス国民に襲いかかったのである。このとき、ナポレオンの胸中に、なにが去来したのだろうか。推量しかできないが、自省ではなさそうだ。外務大臣宛てのこの手紙には、そのあと、つぎのような一文がつづく。

「わたしの人民は、苦痛と悲惨にあえぎ、見るも恐ろしい状況にある。こうしたことすべてが、このさき敵にはどのように対処すればよいか、それを考えさせてくれるというものだ。フランス人たるもの、耐えてがまんなどしない。フランス人は、勇ある者として生まれてきたのだから。」

敗　因

ナポレオンが北東部戦線にあった三月三一日未明、パリ防衛部隊が降伏した。即刻、同盟軍がパリを占領する。

ナポレオンは、パリ南東のフォンテーヌブロー宮殿に入り、四月三日、近衛部隊にパリへの突撃を下知する。だが、将軍たちの反対にあい、四日、退位文書に署名した。

一八一一年まではほぼ連戦連勝だったナポレオンは、なぜ敗れたのだろうか。軍事史家を中心に、おおくの理由が語られてきた。長年にわたる戦争で、熟練の将兵が失われたこと。ナポレオンの革新的な戦術だった機動性に富む軍団方式を、同盟軍も取り入れるようになったこと、などなど。

こうした軍事的理由にくわえて、文学者の手になる伝記本では、おごりや、疲労・早老といった、ある意味で人間らしい、時代を超越する普遍的な理由が指摘される。

さらに、歴史研究としては、おおきく言って二つのことが指摘されてきた。フランス革命の理念である自由・平等に触発されて従属国で国民意識が育まれ、これがナポレオンの支配をくつがえし、さらに、スペインやロシアでは、戦禍に苦しむ民衆がナポレオン軍に抵抗した、という説明である。とくに日本の歴史学界では、アジア・太平洋戦争後に、抑圧されている民衆のナショナリズムを歴史の原動力としてとらえる傾向が強くなり、こうした国民意識や民衆の抵抗でもって、ナポレオンの敗退を説明することが多い。

もうひとつの指摘は、イギリスの生産・商業・金融力がフランスをしのいだのだ、という経済的解釈である。長年にわたるイギリスとの覇権争いの最終局面で登場したナポレオンは、秀でた軍才でもってイギリスを脅かしたが、そのよりどころである軍隊を整備するのに必要な経済力の差において、結局は敗退した、という考え方である。

どの主張にも、うなずけるものがある。となれば、ナポレオン自身はどのように考えているのだろうかと、問いかけたくなる。だが残念なことに、ナポレオンは、個々の戦闘や戦役での敗因についてては語っても、自身の名がつけられることになる帝国の瓦解の、その全体因については固く口を閉ざしている。

退位

退位後のナポレオンにたいする措置は、対仏同盟諸国とナポレオン側代表とのあいだでパリにおいて話しあわれ、四月一一日、いちおうの合意に達した。ナポレオンは、二〇〇万フラン(今日の円貨だと三〇億ほどか)の年金を次期フランス政府から与えられ、地中海のエルバ島(石垣島とほぼ同じ面積)の公国領主として、護衛兵四〇〇名とともに、そこで隠退生活を送る。島から出ることは禁じられたが、領主としての税収入も年三〇〇万フランほどが見込まれていた。そして、皇后マリー＝ルイーズについては、実家のオーストリア宮廷にいったん身を寄せたあとにパルマ公国の女公位が将来与えられ、その公国とエルバ島とのあいだを、三歳になったばかりの息子ローマ王をともなって自由に往来することも可能だと内約された。

敗者への措置としては、かなり寛大だったといえる。エルバ島はフランス帝国領内にあって、コルシカ島とイタリア半島のあいだに位置し、その風土は、ナポレオンにとって故郷のそれと変わらない。そもそも、イギリスは、処分が寛大すぎると反対し、合意書への署名を拒否したほどである。合意を主導したのはロシア・プロイセン・オーストリアであり、ナポレオンから手ひどい敗戦をこうむった経験のある三国としては、ナポレオンを早く厄介払いしたかったのかもしれない。

だが、フォンテーヌブロー宮殿にとどまっていたナポレオンは、屈服を意味する合意書への署名を土壇場で拒否したうえに、一二日の深夜、毒をあおいだ。

ところがナポレオンは、激痛に襲われはしたものの死にきれなかった。毒薬の効果が、ながらく携行していたために弱まっていた。あるいは、毒のせいで胃痙攣をおこし、そのとき毒も吐きだしてしまった。こうした説が唱えられてきたが、真相はわからない。

一晩苦しんだあげくの自死の失敗が、冷静さを取りもどさせたのだろうか。翌一三日、ナポレオンは合意書に署名する。そして五月四日、ナポレオンはイギリス船に護送されてエルバ島に渡った。

妻子を待ちながら

エルバ島で暮らすようになってそうそう、ナポレオンに、小さいとも大きいとも言える不幸がひとつ襲った。かつての華やかなナポレオン宮廷の中心にいた元皇后ジョゼフィーヌが、五月二九日、風邪をこじらせ、マルメゾン城館で死去したのである。離婚後も、ときおり館を訪れ談笑していたナポレオンにとっては、いろいろと厄介な妻から気のおけない友に変わった人物を失ったことになる。ジョゼフィーヌの死に関するナポレオンの述懐資料はないが、自身の現在の境遇とあわせて、人生の盛期が終わったことを、ナポレオンは感じたのかもしれない。

ともあれ、エルバ島でのナポレオンは、人口約一万二〇〇〇の小島の領主らしい、派手ではないが、体面を保てる暮らしぶりだった。海際の瀟洒な邸宅に住み、山中に別荘も所有していた。そこで立ち働く従者が五〇名ほど。そして護衛兵も、元皇帝を頼って来島してきた傭兵をくわえ、実際には八〇〇名近くにのぼった。

ナポレオンは、領主として精力的に働いたと言われている。道路・港湾・灌漑施設を整備し、病院も建てた。しかし、その資金は課税によってまかなわれ、島民のあいだでは不満の声があがったらしい。しかもフランス本国では、対仏同盟国に推されてルイ一八世が王位に就きブルボン王政が復活。新政府はナポレオンへの年金支給を拒否した。ナポレオンは、家政も島民への税金に依存しなければならなくなる。

そのうえナポレオンは、実家のオーストリア宮廷へ逃れたマリー＝ルイーズとローマ王が、来島してくれるものと期待していたのだが……。

「私は元気でいる。君の居室も準備が整い、私は九月にはブドウの収穫をするつもりだ。君の旅行についてだれも反対する権利はない。……だから来ておくれ。一日千秋の思いで待っている。」（草場安子訳）

これは、八月一八日付でナポレオンがマリー＝ルイーズに書いた手紙である。だが、妻子は島に現れなかった。

替わって来島したのは、ポーランドでの愛人、ヴァレフスカ伯爵夫人マリアだった。九月一日、ナポレオンとのあいだに生まれた当年四歳の男児をともない訪れたマリアを、ナポレオンは大歓迎したという。だが、いつ来島するかわからない正妻をはばかり、ナポレオンはマリア親子を三日後に退島させた。

それでもマリー＝ルイーズはやって来なかった。オーストリア皇帝フランツ一世は、自身の長女と初孫を、皇帝位から転落した婿のもとへ戻すつもりなどなかった。フランツ一世、そして外相メッテルニヒは、エルバ島へ渡る決心をしていたマリー＝ルイーズに、護衛役としてオーストリア人貴族ナイペルク伯爵をあてがった。ふたりが愛人関係になり、マリー＝ルイーズがエルバ島行きを思いとどまることを期待しての人事だったと、多くの伝記本は語っている。そしてことは、そのとおりに運んだ。

百日だけの復権

一八一五年二月二四日、ナポレオンは、約六〇〇名ほどの軍勢を率い、エルバ島を脱出した。ヨーロッパにおける新秩序の形成と領土分割が話しあわれていたウィーン会議で、ナポレオンを、セント・ヘレナ島など、もっと遠方の島へ移すことが議論されるようになったこと。復活したブルボン王政にたいして、革命の成果が奪われることを懸念したフランス国民が、反発を示していること。こうした状況を察知したナポレオンが、帝政復活の賭けにでたのである。三月一日、カンヌ近郊に上陸。ナポレオン一行は、復古王政が差しむけた鎮圧部隊も傘下にくわえ、さきざきの町で民衆が歓呼するなか、パリをめざした。そして三月二〇日、ルイ一八世ら政権要人が逃亡したあとの首都に入った。

こうして皇帝に復位したナポレオンは、ブルジョワ階層の支持を固めるために、革命期におこなわれた国有財産売却の不可侵性をあらためて宣言したうえで、議会権限の拡大や「思想の自由」「出版の自由」を認めるなどの自由主義的改革をおこなう。

　このとき、ナポレオンを支えた人物が、これまで仲違いしていた弟のルシアンだった。ルシアンは、ブルボン王政の復活に反発し、ナポレオンが自由主義政策へ舵を切ったこともあり、兄のもとに馳せ参じたのだった。

　こうした内政改革を進めるのと並行して、ナポレオンは対仏大同盟（第七回）との決戦準備を進めた。

　そして六月一八日。ブリュッセル南郊のワーテルローで、ナポレオンが陣頭指揮するフランス軍と、イギリスおよびプロイセンを主力とする同盟国軍が激突。大敗を喫したフランス軍は潰走し、これを追って同盟国軍がフランス領に入った。

　ナポレオンは、六月二一日早朝にパリへ戻った。そしてその日、ナポレオンは議会に継戦を求め、ルシアンも雄弁をふるって議員の説得に努める。しかし、議会の大勢は、皇帝退位によって対仏同盟国と有利な講和条約を結ぶことに傾いた。

　二二日、ナポレオンはふたたび退位を宣言し、二五日にマルメゾン城館へ移った。そして、ナポレオンは、イギリスと交戦状態にあるアメリカへの亡命を考え、フランス南西部のロシュフォール港へむかう。長距離となるこの逃避行の動機は、プロイセン軍が背後から迫っており、その捕虜となることは避けたかったから、と考えられている。

だが、ようやくたどり着いたロシュフォール港はイギリス海軍によって封鎖され、やむなくナポレオンは、イギリス本土で亡命者として遇されることを期待しつつ、七月一七日、イギリス軍艦にその身柄を預けた。

対仏同盟国にふたたび推されてルイ一八世が復位し、フランスでは「百日」、日本では「百日天下」と通称されるナポレオンの短い復権劇が、こうして幕を閉じた。

絶海の火山島

亡命者あつかいされるものと考えてイギリス軍艦に乗りこんだナポレオンだったが、イギリス政府は、ナポレオンをセント・ヘレナ島へ送ることを、乗艦以前に決定していた。

セント・ヘレナは南大西洋の火山島(エルバ島の半分ほどの大きさ)で、貿易風と海流のおかげでインド航路の中継地となり、船舶の出入りは多かった。しかし、アフリカ大陸から約二〇〇〇キロメートル離れ、まわりに島影がない、文字どおり絶海の孤島である。イギリス政府は、東インド会社領だったこの島の、中央部の丘にナポレオンを軟禁することにしたのである。

一八一五年一〇月一五日、ナポレオンを乗せたイギリス軍艦が、セント・ヘレナ島沖に到着。

翌日から、島での幽閉生活が始まる。

といっても、囚人あつかいというわけではなかった。亜熱帯の島ゆえに豊富な果物だけでなく、孤島では貴重な食肉と葡萄酒も、イギリス政府の負担で十分供給されていた。あてがわれた屋敷も、全体としては簡素な造りだったが、部屋数は三六もあった。さらにイギリス政府は、随行武官を三名に制限したが、給仕と下働きの者を、つねに五〇人以上提供していた。しかも、厳しく監視されていたとはいえ、周囲七キロメートルほどの敷地内をナポレオンはいつでも好きに歩きまわれたうえに、乗馬での散歩なら、周囲二〇キロメートルほどの境界内で自由におこなえた。

また、ナポレオン自身にも潤沢な資金があり、随行武官三名、侍従長、それに約二〇名ほどの召使いに、帝政時代なみの給与を支給していた。

だが、これまでの多忙な生活とうって変わった、孤島での単調な生活は、ナポレオンの心身を急速にむしばんでいったようである。読書と、数々の戦役の思い出を口述する以外に、これといった日課はなく、失意と無為が、ナポレオンを鬱状態に追いやったと、多くの伝記本が指摘する。

心の変調とともに体も変調をきたし、一八一八年頃になると、頭痛とリューマチにくわえて、肝機能障害などに悩まされるようになった。

そして一八二一年。ベッドに臥せる日が長く続いたあとの五月五日、ナポレオンは死去した。奇しくも、ジョゼフィーヌと同じ、享年五一だった。

縛られたプロメテウス

ナポレオンの死因については、ヒ素毒殺説など、さまざまなことが言われてきた。しかし、ナポレオンの生前の希望にしたがい、死亡直後に医師によって解剖がおこなわれ、その所見である胃がん説が、現在でも最有力である。それが直接の死因になったかどうかはともかく、すくなくともナポレオンが胃潰瘍と胃がんを患っていたことは、事実のようである。

ともあれ、亡骸は島に埋葬された。そして、一九年後の一八四〇年に、フランス政府によって遺骸はパリへ移され、アンヴァリッド館内に安置された。現在でも、ナポレオンの棺をそこで見ることができる。

こうして、生誕から葬儀までという、人としての一生を、ナポレオンは終えた。だが、人の一生には、もうひとつ重要なことが付け足されることがある。遺言である。

ナポレオンは死の床にあって、長文の遺言を口述しているが、大部分は遺産贈与に関わるも

図 8-3　ヤン・ダルジャン作『柳の下の墓所』(Adolphe Thiers, *Histoire de l'Empire*, 1867 より)．セント・ヘレナ島での墓は，ナポレオンが好んで散歩したとされる谷間の，柳のかたわらに設けられた．西洋文化において柳は，しなだれた姿から服喪のシンボルとして，また，春になるといち早く芽吹くことから再生のシンボルとしても使われてきた．

のであって、歴史研究としては特段、重要なものではない。多くの歴史家が、そして文学者も重視してきたのが、ナポレオンの口述を書き留めたとされる『セント・ヘレナ回想録』である。

この回想録は、島で侍従としてナポレオンに仕えたラス・カーズが、一八二三年にパリで出版したものである。日誌形式で、ラス・カーズを書き手とするンの述べたものとされる論評などが挿入されている。ラス・カーズ自身が認めているように、ナポレオンの口述とされるものは、おおざっぱな

図8-4　ラス・カーズ『セント・ヘレナ回想録』(1842年版)第2巻扉絵(作者はシャルレ)．回想録を読む一家の暖炉の上には，陶器のナポレオン像が置かれている．この像は安価な大量生産もので，1830年代から1840年代にかけて，行商人によって全国津々浦々に運ばれた．民衆のあいだでナポレオン人気が根強かったことを示す資料だと考えられている．

記録にすぎない。

しかし、口述であるというふれこみのこの回想録のなかに、出版当時の読者は、二年まえに死去したナポレオンの肉声、つまり「遺言」を聞いた。

ラス・カーズは、自身とナポレオンを乗せたイギリス軍艦がセント・ヘレナ沖に着いた日の情景を、つぎのように描写している。

「島影は、わたしの目には最初かなり大きいものに映っていたのだが、船が近づくにつれて、はなはだ小さなものに思えてきた。ついに、イギリスを出て七〇日目、パリを出て一一〇日目、船は正午ごろに錨を下ろす。錨が底につく。これこそ、巌のうえに現代のプロメテウスを縛りつけることになる、あの鎖の最初の輪である。」

ギリシャ神話のプロメテウスは、天上の火を盗み出し人間に与えた。怒ったゼウスは、プロメテウスをコーカサス山脈の岩肌に鎖で縛りつけ、禿鷲に彼の肝臓をついばませる。しかも、プロメテウスは不死なので、昼間に食われた肝臓が夜のあいだに再生し、プロメテウスへの責め苦は、毎日くり返される。

ラス・カーズはナポレオンを、このプロメテウスに喩えたわけである。ではいったい、ナポレオンはなにを人類に与えてくれたと、ラス・カーズは言いたいのだろうか。

『回想録』によれば、「わたしは、民衆の懐から出た軍人だ、革命の子だ」とナポレオンは語り、さらにつぎのように口述したことになっている。

「今後なにをもってしても、わが国の、革命の偉大な諸原理を打ちこわすことや、色あせさせることはできないだろう。偉大で美しいそれらの真理は、永遠なものとなるにちがいない。われわれが真理を、松明の光彩とモニュメントでもって、そして驚異的な行為でもって、ゆるぎないものにしたのだから。……真理によって世界が統治されるだろう。真理が、あらゆる民族の信条・宗教・道義となるだろう。そして人がなんといおうとも、記憶すべきこの時代は、わたし自身と結びつけられるだろう。なぜなら、光を輝かせ、原理を神聖なものとなしたのは、結局のところ、わたしだったからであり、そしていま、迫害の身にあることで、わたしはメシアとなるだろうから。」(一八一六年四月九日、一〇日付)

二〇〇五年に大英図書館で発見されたラス・カーズの聞き取り手稿写しには見あたらない一文だが、ナポレオンの胸中を察したものだと考えてよいだろう。プロメテウスが火を人に与えたように、ナポレオンはフランス人に、そして従属国の人びとに、革命の諸原理を与えたと、ラス・カーズはナポレオンになりかわって語っているのである。

たしかに、この「革命の子」ナポレオンは、「革命の偉大な諸原理」とされる自由・平等などの理念を、ブリュメールのクーデタ後に制定した一七九九年憲法(共和国八年憲法)、およびナポレオン法典において掲げた。とりわけ「私的所有権の不可侵」が、こうした憲法・法典のなかだけでなく、皇帝聖別式などにおいて、くりかえし強調された。しかしその一方で、法典において両性の平等はなおざりにされ、憲法のなかに、議会権限を制限する条項が組みこまれた。

また、ナポレオン体制期には、言論・出版の自由などが大幅に制限されもした。とくに新聞統制は厳しく、一八〇〇年一月に、パリを中心とするセーヌ県の新聞は、七三紙のうち六〇紙が廃刊を強制され、新規発行も禁止された。地方紙も、一八一〇年八月に、一県一紙に統合されたのだった。

革命の原理のひとつである「私的所有権の不可侵」を公共の利益とみなし、その徹底のために、他の革命原理である自由・平等を制限し、さらに代議制を弱体化させて個人専制を強化した、と言えるだろう。

「一般意志」を体現する「立法者」という考え方を提示したルソーの政治思想には、自由などの抑圧につながりかねない負の一面があると、当時から自由主義者らによって懸念されてきた。『セント・ヘレナ回想録』と銘うたれたナポレオンの遺言は、この懸念が杞憂でないことを、あらためて墓のなかから教えているのかもしれない。

おわりに

ナポレオンは、毀誉褒貶の激しい人物である。

幼時に親元を離れ、孤独で、裕福でもない寄宿舎生活のなかで読書に親しみ、そうした苦学のおかげで大人物になった、という説明が、多くの伝記本のなかに見られる。苦学が栄達に直接つながったかどうか、それは、歴史研究としては証明不可能な事柄だが、金銭面で苦労したことと、読書が好きだったことはまちがいない。こうした子ども時代の姿に、多くの人は、親近感をおぼえ共感を寄せる。

任官してからは、コルシカでの手痛い挫折を経て、幼年兵学校および士官学校で身につけた軍事知識と、人並み外れていると評価される軍才とでもって、出世の階段を駆けあがった。三〇歳にして、大国フランスの指導者になる。こうした、挫折も糧にするエネルギッシュな青年将校の姿に、賞賛と憧憬が寄せられてきた。

人としての生き方への好意的評価だけではない。ナポレオンがなした事績のなかに、より良い社会を建設していくうえで参照できることが少なからずある、と考えられもしてきた。かつては、フランス銀行やリセ(中等教育機関)の設置、そして官僚制度の整備などが、経済・教育・行政の近代化として高く評価された。そして、ムスリム移民・難民との異文化摩擦が生じている今日では、ローマ教皇と結んだコンコルダート(政教協約)にたいする評価が高まりつつある。フランス革命期に激しく対立していたカトリック教会と革命派との和解がこれにより実現し、信仰心が篤く反革命運動の主舞台になっていたフランス西部においても、しだいに、ナポレオン支持の声が大きくなっていった。ナポレオンは政治支配のために信仰心を利用したわけだが、支配という目的であっても、結果的には宗教対立が解消されたわけで、ナポレオンの宗教政策があらためて注目されている。

こうした賛美や好評価の他方で、大規模な戦禍をもたらしたという批判が、当時から現在にいたるまで、ナポレオンに浴びせられてきた。一八〇〇年からの人的被害にかぎっても、敵味方あわせて約三〇〇万の将兵が死亡し(うち約九〇万がフランス兵)、民間人の犠牲者数も約一〇〇万にのぼったと考えられている。

戦禍の責任を問う声にくわえて、ナポレオンを人権抑圧者だとする非難もある。たしかに、一八〇〇年のクリスマス・イヴに起きたナポレオン暗殺未遂事件では、事件と関わりのなかった急進共和主義者の山岳派、約一三〇名が国外追放処分を科された。また、一八〇四年には、王党派指導者のアンガン公が、フランス帝国外の、当時は中立国だったバーデン選帝侯領内の居館からフランスへ拉致され、確たる証拠を欠いたまま略式裁判で処刑されもした。じつに、「フランス人の民法典」公布と同じ日、三月二一日のことだった。

好悪の感情を人びとに巻きおこす、こうした二面性が、なぜナポレオンにはあるのだろうか。その理由のひとつとして、近世から近代への過渡期に一国の指導者となったという時代性を挙げることができるだろう。本書の副題を「最後の専制君主、最初の近代政治家」としたのは、とりわけ第七章において、こうした過渡期社会の反映としてナポレオン自身の二面性を描いたからである。

時代性を重視する歴史学的説明だけでなく、二面性のもうひとつの理由説明として、時代を超えて人間が持つ心理的問題を指摘できるかもしれない。本書では、基本的に「ナポレオン」と表記してきたが、これは皇帝位についてからの呼称(王や皇帝は、姓で呼ばないという慣習がヨーロッパにはある)であって、それ以前のナポレオンは、市民ボナパルトだとか、ボナパルト将軍、第一統領ボナパルトと呼ばれていた。つまり、ナポレオンの人生は、ボナパルト時代とナポレオン時代の二つに区分でき、両者のあいだに、人としての生き方の大きな差異があって、

図 9-1　フランソワ＝フレデリック・ルモ作『凱旋者ナポレオン』1808 年，ルーヴル美術館蔵.

それが二面性となって表れている、という説明である。

ボナパルト時代は、静かに読書にふけると同時に、若さにあふれエネルギッシュな、三〇代までの青年ないし壮年期。未熟で、年上妻に翻弄されもする。ここでは、それをボナパルト性と仮に呼んでおこう。

そしてナポレオン時代は、壮年後期から中年期。心理学研究によると、この年齢期には肉体的にも精神的にも衰えが始まり、それが、地位と権威への執着や、配偶者以外への性的衝動を昂じさせる、と考えられている。皇帝となったボナパルトが、ナポレオン帝国の版図を拡大するために、戦争につぐ戦争へと走ったことや、愛人の影が複数になったことは、ある意味で人間らしい、年齢の危機だったのかもしれない。それをナポレオン性と言っておこう。

もちろん、皇帝以前と以後でもって、ナポレオンの人間性が明確に転換したわけではない。

ボナパルト性とナポレオン性は並存しているのだが、前者はボナパルト時代に色濃く、後者はナポレオン時代に前景化した、と考える方が自然だろう。

ボナパルト性と、ナポレオン性の、それぞれのイメージを如実に表している像がある。ひとつは、第一章の扉絵に使用した、読書するボナパルト像。もうひとつは、古代ローマの凱旋将軍といった出で立ちで、君主権の象徴である月桂冠と笏があしらわれたナポレオン像である。どちらが、わたしたちには好ましく思えるのか、それは一目瞭然だろう。

＊　＊　＊

本書に登場したおもな人物の、その後の人生は……

皇后マリー＝ルイーズは、女公としてパルマ公国を統治。その補佐役を愛人のナイペルク伯爵が務め、ふたりのあいだに四人の子どもが生まれた。ナポレオンの死後、ふたりは結婚。一八四七年に五六歳で死去。

世嗣ローマ王は、ウィーンのシェーンブルン宮殿でひっそりと暮らした。ワーテルローの敗戦直後、四歳で名目的にフランス皇帝ナポレオン二世となる（一八一五年六月二二日—七月七日）。一八一八年にライヒシュタット公爵の称号を祖父フランツ一世から与えられる。一八三二年に二一歳で病死。

兄ジョゼフは、スペイン王時代に得た宝石類を大量にたずさえてアメリカ合衆国へ亡命。一八三九年にイギリスへ渡り、ついでイタリアに住んだ。一八四四年に七六歳で死去。棺は、甥のナポレオン三世時代に、ナポレオンと同じアンヴァリッド館に安置された。

弟ルシアンはイタリアに亡命し、ローマ教皇の庇護を受けた。一八四〇年に六五歳で病死。死因は胃がんだった。

ホラント(オランダ)国王だった弟ルイは、大陸封鎖政策に協力的でなかったために、一八一〇年の段階で退位させられ、オーストリアで暮らした。妻で、ジョゼフィーヌの連れ子でもあるオルタンスと同年に離婚。ナポレオンの第二回退位後はイタリアに居住。一八四六年に六七歳で病死。その三男ルイ＝ナポレオンが、後年、フランス大統領(一八四八―一八五二年)を経て皇帝ナポレオン三世(第二帝政、一八五二―一八七〇年)となった。

末弟のジェロームは、ドイツ南部にあった従属国ヴュルテンベルク王国の王女と一八〇七年に結婚し、ナポレオンの第二回退位後は義父に庇護された。一八六〇年に七五歳で病死。現在のボナパルト家当主(ナポレオン公と呼称される)は、ジェロームの子孫である。

義子ウジェーヌは、一八〇六年に従属国バイエルン王国の王女と結婚し、ナポレオンの第一回退位後にバイエルンへ亡命し義父に庇護された。一八二四年、首都ミュンヘンにて四二歳で病死。

＊　＊　＊

本書が日の目を見ることができたのは、ひとえに、岩波書店編集部の杉田守康氏のおかげである。怠慢な筆者を折にふれ励ましていただいたこと、そして、章ごとに適切な助言ならびに図版の提案をいただいたことに、あらためて感謝いたします。

杉本淑彦

二〇一七年一一月

推奨本

安達正勝『ナポレオンを創った女たち』集英社新書，2001 年
鹿島 茂『ナポレオン フーシェ タレーラン——情念戦争 1789-1815』講談社学術文庫，2009 年
草場安子『ナポレオン——愛の書簡集』大修館書店，2012 年
城山三郎『彼も人の子ナポレオン——統率者の内側』講談社，1996 年
藤本ひとみ『皇帝ナポレオン』上・下，角川書店，2003 年

主要刊行資料(回想録をふくむ)

オクターヴ・オブリ編『ナポレオン言行録』大塚幸男訳，岩波文庫，1983 年
ラス・カーズ『セント＝ヘレナ覚書』小宮正弘編訳，潮出版社，2006 年
Mémoires de M. de Bourrienne, ministre d'état, sur Napoléon, le directoire, le consulat, l'empire et la restauration, 11 tomes, C. Hoffmann, 1829-1831(邦訳『奈翁実伝』玄黄社，1920 年．国立国会図書館デジタルコレクション収蔵 http://dl.ndl.go.jp/info:ndljp/pid/960724)
Mémoires de Lucien Bonaparte, prince de Canino, Librairie de Charles Gosselin, 1836
Emmanuel de Las Case, *Mémorial de Sainte-Hélène*, 2 tomes, Ernest Bourdin, 1842
Joseph Bonaparte, *Mémoires et correspondance politique et militaire du roi Joseph*, 10 tomes, Perrotin, 1853-1855
Correspondance de Napoléon Ier, 32 tomes, Henri Plon, 1858-1869

主要参考文献

歴史書・参考文献

上垣　豊『ナポレオン――英雄か独裁者か』山川出版社，2013年
杉本淑彦『ナポレオン伝説とパリ――記憶史への挑戦』山川出版社，2002年
鈴木杜幾子『ナポレオン伝説の形成――フランス19世紀美術のもう一つの顔』筑摩書房，1994年
竹下節子『ナポレオンと神』青土社，2016年
服部春彦『文化財の併合――フランス革命とナポレオン』知泉書館，2015年
松嶌明男『礼拝の自由とナポレオン――公認宗教体制の成立』山川出版社，2010年
本池　立『ナポレオン――革命と戦争』世界書院，1992年
両角良彦『東方の夢――ボナパルト，エジプトへ征く〈新版〉』朝日選書，1992年
フランソワ・フュレ／モナ・オズーフ編『フランス革命事典4　制度』河野健二ほか監訳，みすず書房，1999年
ティエリー・レンツ『ナポレオンの生涯――ヨーロッパをわが手に』福井憲彦監修，遠藤ゆかり訳，創元社，1999年
ロジェ・デュフレス『ナポレオンの生涯』安達正勝訳，白水社，2004年
ジェフリー・エリス『ナポレオン帝国』杉本淑彦・中山俊訳，岩波書店，2008年
ジュール・ミシュレ『フランス史VI――19世紀　ナポレオンの世紀』立川孝一責任編集，藤原書店，2011年
ヨハン・ペーター・エッカーマン『ゲーテとの対話』全3冊，山下肇訳，岩波文庫，2012年
マルクス・ユンケルマン『ナポレオンとバイエルン――王国の始まり』辻伸浩訳，銀河書籍，2016年

	10月	ライプツィヒの戦い(諸国民戦争).
1814	3月	対仏同盟軍がパリ占領.
	4月	皇帝を退位，エルバ島に配流〈44歳〉.
	5月	ルイ18世による第一復古王政(-1815年).
		ジョゼフィーヌ死去.
	9月	ウィーン会議(-1815年).
1815	3月	エルバ島を脱出してパリに帰還し復位[百日天下](-6月).
	6月	ワーテルローの戦い．皇帝を退位.
	7月	ルイ18世による第二復古王政(-1830年).
	10月	セント・ヘレナ島へ配流.
1821	5月5日	死去〈51歳〉.
1823		ラス・カーズ『セント・ヘレナ回想録』刊行.

		自由都市)結成(-1813年).
	10月	第4回対仏大同盟.
		プロイセン戦役(-1807年).
		ベルリン占領.
	11月	ベルリン勅令(大陸封鎖令).
1807	2月	アイラウの戦い.
	6月	フリートラントの戦い.
	7月	ロシアとティルジット講和条約(ロシアにベルリン勅令順守義務).
		プロイセンとティルジット講和条約.
	9月	「フランス人の民法典」を「ナポレオン法典」に改称.
	11月	ポルトガル・スペイン戦役[半島戦争, スペイン独立戦争](-1814年).
1808	6月	兄ジョゼフがスペイン国王に(-1813年).
1809	4月	第5回対仏大同盟.
		第2次オーストリア戦役.
	5月	ウィーン占領.
	7月	ヴァグラムの戦い.
	10月	オーストリアとシェーンブルン講和条約(フランス帝国内にイリュリア属州設置).
	12月	ジョゼフィーヌと離婚.
1810	4月	マリー＝ルイーズと結婚〈40歳〉.
1811	3月	世嗣ローマ王誕生(1815年の一時期にナポレオン2世となる).
	4月	カノーヴァ作『平和をもたらす軍神マルスとしてのナポレオン』を拒絶.
1812	6月	ロシア戦役(-12月).
	8月	スモレンスクの戦い.
	9月	ボロディノの戦い. モスクワ占領.
	10月	モスクワから撤退.
1813	8月	第6回対仏大同盟.

1801	1月	ダヴィド作『グラン・サン・ベルナール峠でアルプスを越える第一統領』
	2月	オーストリアとリュネヴィル講和条約[第2回対仏大同盟瓦壊].
	7月	教皇ピウス7世と政教協約(コンコルダート).
	8月	エジプト残留フランス軍がイギリス・オスマン帝国軍に降伏.
1802		グロ作『第一統領ボナパルト』
	3月	イギリスとアミアン講和条約.
	5月	リセ(中等教育機関)設置.
		植民地での奴隷制度復活を布告.
	8月	終身統領に就任.
1803	2月	スイス連邦の従属国化.
	3月	爵位制度導入.
	4月	新通貨(ジェルミナル・フラン金貨)発行.
1804	1月	ハイチがフランスから独立.
	3月	アンガン公の処刑.
		「フランス人の民法典」公布.
	5月	皇帝に即位(-1815年).
	12月	皇帝聖別式(戴冠式).
1805	3月	イタリア王国樹立，ナポレオンが国王に(-1814年).
	4月	第3回対仏大同盟.
	9月	第1次オーストリア戦役.
	10月	トラファルガル岬沖の海戦.
	11月	ウィーン占領.
	12月	アウステルリッツの戦い.
		オーストリアとプレスブルク講和条約[第3回対仏大同盟瓦解].
1806	3月	ナポリ王国の従属国化.
	6月	ホラント(オランダ)王国樹立(-1810年).
	7月	ライン同盟(4王国の他に大公国，公国，侯国，

		ら脱出.
		山岳派による恐怖政治(-1794 年).
	12 月	トゥーロン攻囲戦で砲兵隊を指揮.
1794	7 月	恐怖政治の終焉.
	8 月	山岳派の嫌疑をかけられ逮捕されるが，すぐに釈放.
1795	4 月	デジレ・クラリーと婚約.
	8 月	共和国(共和暦)三年憲法制定.
	10 月	王党派の蜂起を鎮圧[ヴァンデミエール事件].
	11 月	総裁政府始動(-1799 年).
1796	3 月	ジョゼフィーヌと結婚〈26 歳〉.
		第 1 次イタリア戦役(-1797 年).
1797		グロ作『アルコレ橋のボナパルト将軍』
	2 月	教皇庁とトレンティーノ条約.
	10 月	オーストリアとカンポ・フォルミオ講和条約[第 1 回対仏大同盟瓦壊].
1798	5 月	エジプト遠征[エジプト・シリア戦役](-1799 年).
	7 月	ピラミッドの戦い.
1799	1 月	シリア進攻(-5 月).
	3 月	第 2 回対仏大同盟.
	7 月	アブキールの戦い.
	10 月	エジプトから帰還.
	11 月	ブリュメール 18 日のクーデタ.
	12 月	共和国(共和暦)八年憲法制定，統領政府樹立，第一統領に就任〈30 歳〉.
1800	1 月	フランス銀行創設.
	5 月	第 2 次イタリア戦役(-1801 年).
	6 月	マレンゴの戦い.
	10 月	スペインがルイジアナをフランスに返還(1803 年にアメリカへ売却).
	12 月	ナポレオン暗殺未遂[サン゠ニケーズ街爆弾テロ事件].

ナポレオン関連年表

1768	5月	フランス王国がコルシカ島の統治権をジェノヴァ共和国から買収.
1769	6月	コルシカ独立派がフランス軍に大敗.
	8月15日	ナポレオン・ボナパルト, 父カルロ・母レティツィアの次男としてコルシカ島に生まれる.
1779	5月	フランス本土, ブリエンヌ=ル=シャトーの王立幼年兵学校に入学〈9歳〉.
1784	10月	パリの士官学校に進学.
1785	11月	ヴァランスの砲兵連隊に着任〈16歳〉.
1786	9月	コルシカ島に帰郷(-1788年).
1789	7月14日	パリ民衆がバスティーユを襲撃[フランス革命勃発]〈19歳〉.
	8月	人権宣言.
	9月	コルシカ島に帰郷し革命を支援.
1790	8月	聖職者民事基本法成立.
1791	1月	フランス本土に戻るも, 9月に再びコルシカ島に渡る.
	8月	サン=ドマングで黒人奴隷反乱[ハイチ革命勃発].
1792	4月	フランスがオーストリアに宣戦布告[フランス革命戦争勃発].
	5月	コルシカ島で窮地に立たされ, 島を去る.
	8月	パリ民衆がチュイルリー宮殿を襲撃, 国王ルイ16世一家を監禁.
	9月	国民公会開催, 王政廃止, 共和政樹立.
	10月	コルシカ島に戻る.
1793	1月	ルイ16世の処刑.
	2月	第1回対仏大同盟.
		サルデーニャ島遠征に参加.
	6月	ボナパルト一家, 焼き打ちに遭いコルシカ島か

杉本淑彦

1955年生まれ．静岡大学助教授，大阪大学教授，
京都大学教授を経て，
現在－京都大学名誉教授
専攻－フランス近現代史
著書－『文明の帝国――ジュール・ヴェルヌとフランス帝国主義文化』(山川出版社)，『ナポレオン伝説とパリ――記憶史への挑戦』(山川出版社)，ジェフリー・エリス『ナポレオン帝国』(共訳，岩波書店)，ピエール・ノラ編『記憶の場――フランス国民意識の文化＝社会史』第3巻(共訳，岩波書店) ほか
監修－『ザ・プロファイラー～夢と野望の人生－ナポレオン』(NHK BSプレミアム，2021年)，『ワルイコあつまれ～慎吾ママの部屋－ナポレオン』(NHK Eテレ，2023年)

ナポレオン―最後の専制君主，最初の近代政治家

岩波新書(新赤版)1706

2018年2月20日　第1刷発行
2024年4月5日　第2刷発行

著　者　杉本淑彦（すぎもとよしひこ）

発行者　坂本政謙

発行所　株式会社 岩波書店
〒101-8002 東京都千代田区一ツ橋2-5-5
案内 03-5210-4000　営業部 03-5210-4111
https://www.iwanami.co.jp/

新書編集部 03-5210-4054
https://www.iwanami.co.jp/sin/

印刷製本・法令印刷　カバー・半七印刷

ISBN 978-4-00-431706-7　　Printed in Japan

岩波新書新赤版一〇〇〇点に際して

ひとつの時代が終わったと言われて久しい。だが、その先にいかなる時代を展望するのか、私たちはその輪郭すら描きえていない。二〇世紀から持ち越した課題の多くは、未だ解決の緒を見つけることのできないままであり、二一世紀が新たに招きよせた問題も少なくない。グローバル資本主義の浸透、憎悪の連鎖、暴力の応酬――世界は混沌として深い不安の只中にある。

現代社会においては変化が常態となり、速さと新しさに絶対的な価値が与えられた。消費社会の深化と情報技術の革命は、種々の境界を無くし、人々の生活やコミュニケーションの様式を根底から変容させてきた。ライフスタイルは多様化し、一面では個人の生き方をそれぞれが選びとる時代が始まっている。同時に、新たな格差が生まれ、様々な次元での亀裂や分断が深まっている。社会や歴史に対する意識が揺らぎ、普遍的な理念に対する根本的な懐疑や、現実を変えることへの無力感がひそかに根を張りつつある。そして生きることに誰もが困難を覚える時代が到来している。

しかし、日常生活のそれぞれの場で、自由と民主主義を獲得し実践することを通じて、私たち自身がそうした閉塞を乗り超え、希望の時代の幕開けを告げてゆくことは不可能ではあるまい。そのために、いま求められていること――それは、個と個の間で開かれた対話を積み重ねながら、人間らしく生きることの条件について一人ひとりが粘り強く思考することではないか。その営みの糧となるものが、教養に外ならないと私たちは考える。歴史とは何か、よく生きるとはいかなることか、世界そして人間はどこへ向かうべきなのか――こうした根源的な問いとの格闘が、文化と知の厚みを作り出し、個人と社会を支える基盤としての教養となった。まさにそのような教養への道案内こそ、岩波新書が創刊以来、追求してきたことである。

岩波新書は、日中戦争下の一九三八年一一月に赤版として創刊された。創刊の辞は、道義の精神に則らない日本の行動を憂慮し、批判的精神と良心的行動の欠如を戒めつつ、現代人の現代的教養を刊行の目的とする、と謳っている。以後、青版、黄版、新赤版と装いを改めながら、合計二五〇〇点余りを世に問うてきた。そして、いままた新赤版が一〇〇〇点を迎えたのを機に、人間の理性と良心への信頼を再確認し、それに裏打ちされた文化を培っていく決意を込めて、新しい装丁のもとに再出発したいと思う。一冊一冊から吹き出す新風が一人でも多くの読者の許に届くこと、そして希望ある時代への想像力を豊かにかき立てることを切に願う。

（二〇〇六年四月）

岩波新書より

世界史

軍と兵士のローマ帝国　井上文則
西洋書物史への扉　髙宮利行
「音楽の都」ウィーンの誕生　ジェラルド・グローマー
マルクス・アウレリウス 『自省録』のローマ帝国　南川高志
古代ギリシアの民主政　橋場弦
曾国藩 「英雄」と中国史　岡本隆司
人種主義の歴史　平野千果子
スポーツからみる東アジア史　高嶋航
スペイン史10講　立石博高
ヒトラー　芝健介
ユーゴスラヴィア現代史〔新版〕　柴宜弘
東南アジア史10講　古田元夫
チャリティの帝国　金澤周作
太平天国　菊池秀明
ドイツ統一　アンドレアス・レダー 板橋拓己訳

人口の中国史　上田信
カエサル　小池和子
世界遺産　中村俊介
奴隷船の世界史　布留川正博
独ソ戦 絶滅戦争の惨禍　大木毅
イタリア史10講　北村暁夫
フランス現代史　小田中直樹
移民国家アメリカの歴史　貴堂嘉之
フィレンツェ　池上俊一
マーティン・ルーサー・キング　黒﨑真
ナポレオン　杉本淑彦
ガンディー 平和を紡ぐ人　竹中千春
イギリス現代史　長谷川貴彦
ロシア革命 破局の8か月　池田嘉郎
天下と天朝の中国史　檀上寛
孫文　深町英夫
古代東アジアの女帝　入江曜子
新・韓国現代史　文京洙

ガリレオ裁判　田中一郎
人間・始皇帝　鶴間和幸
袁世凱　岡本隆司
二〇世紀の歴史　木畑洋一
イギリス史10講　近藤和彦
植民地朝鮮と日本　趙景達
シルクロードの古代都市　加藤九祚
中華人民共和国史〔新版〕　天児慧
物語 朝鮮王朝の滅亡◆　金重明
新・ローマ帝国衰亡史　南川高志
近代朝鮮と日本　趙景達
マヤ文明　青山和夫
北朝鮮現代史　和田春樹
四字熟語の中国史◆　冨谷至
李鴻章　岡本隆司
新しい世界史へ　羽田正
パル判事　中里成章
グランドツアー 18世紀イタリアへの旅　岡田温司
パリ 都市統治の近代　喜安朗

岩波新書より

- ノモンハン戦争 モンゴルと満洲国　田中克彦
- 中国という世界　竹内　実
- ウィーン 都市の近代　田口　晃
- 紫禁城　入江曜子
- ジャガイモのきた道　山本紀夫
- 創氏改名　水野直樹
- フランス史10講　柴田三千雄
- 地中海　樺山紘一
- 多神教と一神教　本村凌二
- 奇人と異才の中国史　井波律子
- ドイツ史10講　坂井榮八郎
- ナチ・ドイツと言語　宮田光雄
- ニューヨーク◆　亀井俊介
- 離散するユダヤ人　小岸　昭
- 現代史を学ぶ　溪内　謙
- アメリカ黒人の歴史〔新版〕　本田創造
- 文化大革命と現代中国　安藤正士・太田勝洪・辻　康吾
- フットボールの社会史　F・P・マグーンJr　忍足欣四郎訳

- コンスタンティノープル千年　渡辺金一
- ペスト大流行　村上陽一郎
- ピープス氏の秘められた日記　臼田　昭
- 中世ローマ帝国　渡辺金一
- モロッコ　山田吉彦
- シベリアに憑かれた人々　加藤九祚
- インカ帝国◆　泉　靖一
- 中国の隠者　富士正晴
- 漢の武帝◆　吉川幸次郎
- 孔子　貝塚茂樹
- 中国の歴史 上・中・下◆　貝塚茂樹
- インドとイギリス　吉岡昭彦
- アリストテレスとアメリカ・インディアン　L・ハンケ　佐々木昭夫訳
- フランス革命小史◆　河野健二
- 魔女狩り　森島恒雄
- 風土と歴史　飯沼二郎
- ヨーロッパとは何か　増田四郎
- 世界史概観 上・下　H・G・ウェルズ　長谷部文雄・阿部知二訳

- 歴史の進歩とはなにか◆　市井三郎
- 歴史とは何か　E・H・カー　清水幾太郎訳
- フランス ルネサンス断章　渡辺一夫
- チベット　多田等観
- 奉天三十年 上・下　クリスティー　矢内原忠雄訳
- ドイツ戦歿学生の手紙　ヴィットコップ編　高橋健二訳
- アラビアのロレンス 改訂版◆　中野好夫

シリーズ 中国の歴史

- 中華の成立 唐代まで　渡辺信一郎
- 江南の発展 南宋まで　丸橋充拓
- 草原の制覇 大モンゴルまで　古松崇志
- 陸海の交錯 明朝の興亡　檀上　寛
- 「中国」の形成 現代への展望　岡本隆司

シリーズ 中国近現代史

- 清朝と近代世界 19世紀　吉澤誠一郎

(2023.7)　◆は品切，電子書籍版あり．(O2)

岩波新書より

近代国家への模索 1894-1925　川島　真
革命とナショナリズム 1925-1945　石川禎浩
社会主義への挑戦 1945-1971　久保　亨
開発主義の時代へ 1972-2014　高原明生・前田宏子
中国の近現代史をどう見るか　西村成雄

シリーズ アメリカ合衆国史

植民地から建国へ 19世紀初頭まで　和田光弘
南北戦争の時代 19世紀　貴堂嘉之
20世紀アメリカの夢 世紀転換期から一九七〇年代　中野耕太郎
グローバル時代のアメリカ 冷戦時代から21世紀　古矢　旬

シリーズ 歴史総合を学ぶ

世界史の考え方　小川幸司・成田龍一 編
歴史像を伝える　成田龍一
世界史とは何か　小川幸司

岩波新書/最新刊から

2005 暴力とポピュリズムのアメリカ史 ―ミリシアがもたらす分断― 中野博文 著
二〇二一年連邦議会襲撃事件が示す人民武装の理念を糸口に、現代アメリカの暴力文化とポピュリズムの起源をたどる異色の通史。

2006 百人一首 ―編纂がひらく小宇宙― 田渕句美子 著
成立の背景を解きほぐし、中世から現代までの受容のあり方を考えることで、和歌のすべてを網羅するかのような求心力の謎に迫る。

2007 財政と民主主義 ―人間が信頼し合える社会へ― 神野直彦 著
人間の未来を市場と為政者に委ねてよいのか。市民の共同意思決定のもと財政を機能させ、人間らしく生きられる社会を構想する。

2008 同性婚と司法 千葉勝美 著
元最高裁判事の著者が同性婚を認めない法律の違憲性を論じる。日本は同性婚を実現できるか。個人の尊厳の意味を問う注目の一冊。

2009 ジェンダー史10講 姫岡とし子 著
女性史・ジェンダー史は歴史の見方をいかに刷新してきたか――史学史と家族・労働・戦争などのテーマから総合的に論じる入門書。

2010 〈一人前〉と戦後社会 ―対等を求めて― 禹宗杬・沼尻晃伸 著
弱い者が〈一人前〉として、他者と対等にふるまうことで社会を動かしてきた。私たちの原動力を取り戻す方法を歴史のなかに探る。

2011 魔女狩りのヨーロッパ史 池上俊一 著
ヨーロッパ文明が光を放ち始めた一五～一八世紀、魔女狩りという闇が口を開いたのはなぜか。進展著しい研究をふまえ本質に迫る。

2012 ピアノトリオ ―モダンジャズへの入り口― マイク・モラスキー 著
日本のジャズ界でも人気のピアノトリオ。エヴァンスなどの名盤を取り上げながら、その歴史を紐解き、具体的な魅力、聴き方を語る。

(2024. 4)